NATUR im GARTEN
Gesund halten, was uns gesund hält

Natur im Garten

Karl Ploberger

Natur im Garten

Das Buch zur Sendung

av BUCH

Mehr Natur im Garten

Alljährlich ist es dieser Moment, auf den ich einen ganzen langen Winter warte: Der erste Winterling öffnet seine Blüte, dann die Schneeglöckchen, die Krokusse, und schon beginnt wieder das Feuerwerk an Blüten und Farben.
Aber es sind nicht nur die Blüten, die mich alljährlich begeistern: Wenn die Vögel mit dem Nestbau beginnen, die Bienen auf Honigsuche gehen oder später im Jahr dann die ersten Libellen beim Teich ihre Runden drehen. Jahr für Jahr, als ob ein gewaltiger lautloser Motor das Wunderwerk Natur am Laufen hält, ist man Teil dieses Staunens. Da kann rundherum passieren was will, da können Wetterkapriolen für kurze Zeit alles stoppen, – der Motor Natur läuft unbeeindruckt weiter.
Und mit diesem ewigen Rhythmus der Natur lebt alljährlich die Leidenschaft Garten von Neuem auf. Nicht zuletzt deshalb, weil der Garten auch die Speisekammer des Hobbygärtners ist. Von den ersten Wildkräutern – was wäre ein Frühling ohne Bärlauch! – über die ganze Palette des Gemüses bis hin zu den köstlichen, tiefroten Beeren. All das ist der Lohn für manch schweißtreibende Arbeit. Wobei das von mir geliebte, naturnahe Gärtnern tatsächlich genau das Richtige „für intelligente Faule ist". Mehr Natur bringt viel mehr an Selbsthilfe für den Garten: Genug Vögel sorgen für weniger Schädlinge, der Mulch im Garten für weniger Gießen und weniger Beikräuter und die Vielfalt an Pflanzen schafft die Basis für das ökologische Gleichgewicht, das uns dann ermöglicht, ein paar Stunden länger in der Hängematte zu liegen.
Genau das wollen wir mit unserer Fernsehsendung „Natur im Garten" erreichen. Mit diesem Buch gibt es nun die Möglichkeit die vielen Tipps und Tricks nachzulesen – vielleicht als Lektüre für die geruhsamen Stunden in der Hängematte? Ich wünsche Ihnen dazu viel Vergnügen und vor allem weiterhin viel Spaß beim Garteln.

Karl Ploberger

Schreiben Sie mir:
karl.ploberger@biogaertner.at

Inhalt

Die Aktion „Natur im Garten“

Die Grundsätze

Seit mittlerweile zehn Jahren unterstützt die niederösterreichische Aktion „Natur im Garten“ Freundinnen und Freunde des Naturgartens bei der Anlage und Pflege ihrer grünen Oasen. Dabei hat alles ganz klein angefangen – mit kleinen Aktionen wie z. B. Kompostparties oder dem Verleih von Nacktschnecken fressenden Laufenten. Die Idee war klar: Der Garten ist die uns direkt umgebende Umwelt mit all ihren Pflanzen und Tieren. Wer hier die ökologischen Zusammenhänge erkennen und schätzen lernt, der entwickelt auch Bewusstsein und Verantwortung für die Umwelt im Größeren. Doch was ist ein Naturgarten eigentlich? Wie wird der eigene Garten zur Naturoase?

Lassen Sie sich auf die Gelassenheit des Naturgärtners ein – Blumen in Rasen und Wiese haben durchaus einen Reiz.

Gesundheit und Lebensqualität

„Natur im Garten" hat sowohl für private GartenbesitzerInnen als auch für Gemeinden und Gartenbetriebe Kriterien und Leitfäden erarbeitet, die Wege zeigen, wie die Ökologisierung der Grünräume erreicht werden kann. Sie hat sich dem Nutz- und Ziergartenbereich genauso wie den öffentlichen Grünräumen verschrieben. Eine positive und Lust machende Art der Kommunikation des Ökologie-Themas gilt dabei als Grundsatz. Die Aktion stiftet eine Gemeinschaft für alle ökologisch eingestellten GartenbesitzerInnen und positioniert den naturnahen Garten und Grünraum als einen Ort der strukturellen und geschmacklichen Vielfalt, der Gesundheit und der Lebensqualität.

Keine Mineraldünger, Pestizide und Torf!

Zentrale Kriterien der Aktion sind der Verzicht auf leicht lösliche Mineraldünger, auf chemisch-synthetische Pestizide und auf Torf. Zusätzlich wird großer Wert auf eine vielfältige Gestaltung mit heimischen und/oder ökologisch wertvollen und für die Region typischen Pflanzen gelegt.

Im Kreislauf der Natur

Der Kreislauf der Nährstoffe durch Kompostierung, die Schonung des Bodens durch Mulchen, die Nutzung von Regenwasser, die Förderung von Nützlingen, eine Vielfalt von ökologisch wertvollen Gartenelementen, wie z. B. Blumenwiesen, Feucht- und Trockenbiotopen, Totholz, Nützlingsunterkünften, wilden Ecken, Kräuterrasen, Laubbäumen, Blüten- und Naschhecken, Nutzgärten und vielem mehr, vervollständigen das Bild eines nachhaltig gestalteten Naturgartens.

Sortenvielfalt am richtigen Standort

Die Aktion legt bei der Sortenauswahl im Nutz- wie im Zierbereich großen Wert auf robuste und krankheits- sowie schädlingsresistente Sorten. Sie orientiert sich an den ökologischen Bedingungen des jeweiligen Standortes, um eine Pflege ohne Einsatz von leicht löslichen Mineraldüngern, chemisch-synthetischen Pestiziden und Torf sicherstellen zu können. Der Erhalt der Sortenvielfalt im Nutzgartenbereich hat ebenfalls große Bedeutung.
Es werden in der Gestaltung regionaltypische Materialien eingesetzt, weite Transportwege sollen vermieden werden (Steine und Hölzer aus der Region, Verzicht auf Tropenholz etc.).

Von der Aktion „Natur im Garten" zur gleichnamigen ORF-Show – eine turbulente Gartengeschichte

Säulen der Aktion „Natur im Garten"

Mit der Zeit wurde diese Initiative des Landesrats Wolfgang Sobotka eine umfassende Informationsquelle und ein erfolgreicher Anziehungspunkt für alle Garteninteressierten, auch weit über Niederösterreich hinaus – mit Beratungsangebot, einem Netzwerk an Schaugärten, Partnerbetrieben, Gartenfesten und Veranstaltungen, der Tourismus-Plattform „Die Gärten Niederösterreichs" und den „Natur im Garten"-Gemeinden.

Jahr für Jahr erscheint zudem eine Vielzahl von Publikationen wie z. B. das Ratgeber-Magazin „Natur im Garten“ sowie Bücher und Broschüren zu speziellen Gartenthemen. Die „Natur im Garten-Bücher“, wie z. B. die der Praxisserie „kurz & gut“, sind im Buchhandel auch außerhalb Österreichs erhältlich. Auch die Möglichkeiten zur Aus- und Weiterbildung kommen nicht zu kurz: Jährlich locken die „Natur im Garten Akademie“, Seminare, Tagungen und Vorträge auch internationales Publikum an.
Die Zeit war reif einen Partner zu suchen, um die Idee des Naturgartens auch über das Medium Fernsehen in die Breite tragen zu können. Mit dem Bio-Gärtner Karl Ploberger als Moderator war es 2006 möglich, die erste österreichische Gartensendung aus der Taufe zu heben: die erfolgreiche ORF-Show „Natur im Garten“.

Die Sendung „Natur im Garten“ als Teil des Beratungsangebots

Die Aktion „Natur im Garten“ hat ein umfassendes Servicepaket geschnürt, das keine Wünsche offen lässt. Eine zentrale Säule ist die Beratung: Das Gartentelefon beantwortet von Montag bis Freitag unter 02742/ 74333 alle Gartenfragen. Für Beratung vor Ort steht ein Pool an ausgewählten Expertinnen und Experten zur Verfügung, die für private Hausgärten und auch in Gemeinden ihr Wissen rund ums naturnahe Gärtnern bereitstellen. Die Sendung „Natur im Garten“ greift diesen Servicegedanken für ein breites Publikum in ganz Österreich auf – als Kooperationsprojekt zwischen der Aktion, der Firma Talk-TV und dem ORF.

Die Anfänge

Der Anfang war allerdings gar nicht so leicht: Als erstmals Drehbuch, Regie, Redaktion, Produktion, Producer, Moderation und die ExpertInnen der Aktion „Natur im Garten“ aufeinandertrafen, da musste erst einmal ein gemeinsamer Nenner gefunden werden. Nach vielen anregenden und konstruktiven Diskussionen war es dann endlich soweit und der erste Drehort fixiert: die Erlebnisgärten Kittenberger in Schiltern, wo die Vielfalt dieser Schaugarten-Anlage immer wieder neue Perspektiven bieten konnte.

Fachberatung auf höchstem Niveau

Die Aktion „Natur im Garten“ war von Anfang an bei der Konzeption und der inhaltlichen Betreuung der Sendung maßgeblich beteiligt. Alle Gärten, Themen und Tipps wurden in Zusammenarbeit mit dem Team von „Natur im Garten“ erarbeitet und auch während der Dreharbeiten steht dem Fernsehteam immer ein Mitarbeiter mit seinem Fachwissen zur Seite.

Das Fernsehteam wird von Beginn an immer von Fachleuten der Aktion „Natur im Garten“ unterstützt.

Die Kombination aus aktuellen Tipps, unterhaltsamen Sequenzen mit Gästen zu einem speziellen Gartenthema, Ausflügen zu außergewöhnlichen Gärten und der allgemeinen Vermittlung von ökologischem Gartenwissen war von Beginn an sehr erfolgreich. Für das Zustandekommen und den Verlauf der ORF-Show von ebenso großer Bedeutung sind die Musteranlagen mit all der persönlichen Begeisterung und Naturliebe, die ihre Gärtnerinnen und Gärtner investiert haben.
Bis zu 400.000 Zuseherinnen und Zuseher konnte die Show bisher pro Ausstrahlung erreichen. Die Inhalte der Sendungen werden zusätzlich auf der Homepage www.naturimgarten.at gesammelt. Sämtliche Folgen sind dort mit einer kurzen Nachlese und allen Tipps der Sendungen zu finden.

Schaugärten der Aktion „Natur im Garten“

„Natur im Garten" betreut ein Netzwerk von über 100 Schaugärten in ganz Niederösterreich. Von außergewöhnlichen Privatgärten über historische Gartenanlagen bis zu Großanlagen für Gartentouristen wie der GARTEN TULLN ist hier alles zu finden, was das Herz des Gartenreisenden höher schlagen lässt. Besonders die privaten Schaugärten bieten sich an, wenn Kandidaten und Gärten zu ganz speziellen Themen gesucht werden. So waren SchaugärtnerInnen der Aktion z. B. zu den Themen Wein, Rosen, Gartengestaltung, Sortenvielfalt, Bauerngarten, Gartenfeste, Permakultur, Kräuter, Farben im Garten, Advent im Garten oder Gartenräume in der Fernsehsendung zu Gast. Ihre speziellen Gärten boten eine großartige Kulisse.

Drehorte und KandidatInnen-Pool

Ein ganz besonderes Highlight sind auch immer die Einspielungen von außergewöhnlichen Schaugärten, die als eigene Rubrik laufen. Hier waren bisher Beiträge aus allen Vierteln des Landes Niederösterreich zu sehen – viele davon sind Schaugärten der Aktion. Denken Sie nur an Stift Melk, Schloss Grafenegg, Schloss Hof, das Museumsdorf Niedersulz, den Garten des Renaissanceschlosses Schallaburg,

Die erste ökologische Landesgartenschau Europas öffnete 2008 in Tulln ihre Pforten.

Seitenstetten, die Arche Noah in Schiltern oder z. B. die Gartenbauschulen in Langenlois.

DIE GARTEN TULLN bringt neue Perspektiven – der Fernsehgarten auf der ersten ökologischen Gartenschau ist Drehort.

Die GARTEN TULLN

2008 war in Niederösterreich das Jahr der Landesgartenschau. Auf der GARTEN TULLN, Europas erster ökologischer Gartenschau, wurde ein Kompetenzzentrum zur ökologischen Gartengestaltung- und pflege geschaffen. In über 40 Mustergärten können sich auch weiterhin Garteninteressierte jede Menge Tipps und Ideen für ihre eigenen Gärten holen.
Gleichzeitig gibt es hier aber in jedem Jahr wieder eine Vielzahl von Attraktionen wie z. B. den 30 Meter hohen Baumwipfelweg, den riesigen Natur-Kinderspielplatz, ein Labyrinth, einen Bootsrundkurs, Seminare, Vorträge, Feste und vieles mehr. Für einen Garten auf diesem Areal hatte die Aktion „Natur im Garten" von Anfang an eine ganz besondere Bestimmung – er sollte der „ORF-Garten" werden. Inmitten der Mustergärten wurde eine Kulisse und ein Experimentierfeld geschaffen, auf dem die neue Praxisrubrik der Sendung gebaut und dann auch gefilmt werden konnte. Karl Ploberger und viele Expertinnen und Experten vermitteln in Kooperation mit der GARTEN TULLN auf anschauliche Weise praktisches Wissen. Es werden Hochbeete, Nützlingshotels und unterschiedliche Gartenwege gebaut, daneben entstehen Staudenbeete, Hecken, ein Dachgarten und ein Komposthaufen.

Gedanken des Initiators

„Gärten sind einfach faszinierend – die große Welt im Kleinen, und das gleich vor der Haustüre. Wo kann man besser den Lauf der Jahreszeiten spüren? Wo kann man seine Sinne lustvoller schärfen als mit dem garantiert biologisch gezogenen Obst und Gemüse, mit den duftenden Staudenbeeten, mit der summenden Lebewelt einer Blumenwiese oder vielleicht sogar mit den speziellen Tieren und Pflanzen eines Gartenteiches? Hier lernen wir ökologische Zusammenhänge verstehen und in Kreisläufen zu denken, und hier leben unsere Kinder auf gesunde Weise ihren Bewegungsdrang aus", sagt Landesrat Wolfgang Sobotka, Initiator der Aktion „Natur im Garten".

Nachlese

Wir, das Team von „Natur im Garten" freuen uns sehr, dass wir unser Wissen und die Philosophie der Aktion auch über eine eigene ORF-Sendung in die Breite tragen können. Mit diesem Buch haben Sie jetzt auch noch die Möglichkeit, die Früchte der Zusammenarbeit von Karl Ploberger mit der Aktion „Natur im Garten" immer wieder zur Hand zu nehmen und nachzulesen. Lassen Sie sich auf die Lebendigkeit des Naturgartens und auch ein wenig auf die Gelassenheit des Naturgärtners ein und tauchen Sie ein in die Wunderwelt des Gartens. Wir sind überzeugt davon, dass Sie daran viel Freude haben werden und wünschen Ihnen viel Erfolg.

Der Initiator der Aktion "Natur im Garten" Landeshauptmann Stellvertreter Wolfgang Sobotka freut sich über den großen Erfolg der gleichnamigen Sendung.

Das Team von

„Natur im Garten"

Wasser

Wasser hat so viele Gerüche und Gestalten: Die ersten Regentropfen nach einer wochenlangen Hitze, der Duft des Wassers beim Gießen im Gewächshaus, der Raureif auf den Hortensienblättern oder die knarrende Eisdecke am Teich.
Was wären wir Gärtner ohne Wasser! So sehr wir uns auch manchmal beklagen, dass der Regen andauert – den meisten Pflanzen gefällt es. Regnet es aber wochenlang nicht, dann gibt es viele Gewächse, die sehr darunter leiden. Unsere schönen Gärten, die saftig grünen Wiesen und Wälder – das alles gäbe es nicht, wenn wir nicht mit so viel Wasser gesegnet wären.
Dennoch heißt es: sinnvoll und sparsam damit umgehen. Gerade Biogärtner sind auf den Schutz der Ressourcen bedacht. Anstelle von wertvollem Trinkwasser sammeln sie Regenwasser in Tonnen oder unterirdisch in Behältern. Sie gießen zum richtigen Zeitpunkt und vor allem in der richtigen Menge.
Und dann genießen die Naturliebhaber unter den Gärtnern natürlich noch das Wasser als Gestaltungselement: Teich, Bach, Quellstein oder Miniteich auf der Terrasse. Denn Wasser bietet vielen Pflanzen und Tieren einen wertvollen Lebensraum. Kröten, Ringelnattern, Molche – sie alle findet man beim Wasser. Und sie alle sind kleine Helfer für uns: nämlich als große Schneckenvertilger.

Ob Holz, Metall oder Keramik – aus vielen Gefäßen lassen sich Wassergärten zaubern.

Miniteich und Vogeltränken

Ohne Wasser kein Garten. Das stimmt in jedem Fall, wenn man bedenkt, dass die meisten Pflanzen ausreichend Wasser benötigen, um überhaupt wachsen zu können. Der Wasseranschluss, die Regentonne und die gute alte Gießkanne sind also die Mindestausstattung, um überhaupt mit dem Garteln beginnen zu können.
In den letzten Jahren sind auch Gestaltungen mit Wasser, egal ob groß oder klein, immer beliebter geworden. Sogar auf dem Balkon legen sich viele Menschen einen kleinen Miniteich in einem Gefäß an und sind stolz auf die blühende Seerose, die darin gedeiht. Wenn dann auch noch eine Libelle vorbeifliegt, hat sich der Wassergarten auf kleinstem Raum schon gelohnt.

Klein, aber fein – der Miniteich

Ob auf der Terrasse, am Balkon oder als Blickfang neben dem Eingang zum Nutzgarten – ein Teich im Bottich ist etwas Besonderes. Sie benötigen dazu einen wasserdichten Behälter aus Holz, Metall oder Keramik. In eine Mischung aus unterschiedlich grobem Kies können dann spezielle Wasserpflanzen gesetzt werden. Zum Schluss wird einfach mit Wasser aufgefüllt.

TIPP

Wasserpflanzen für den Bottich

- Grau-Simse *(Juncus inflexus)*
- Blutweiderich *(Lythrum salicaria)*
- Hornkraut oder Hornblatt *(Ceratophyllum)*
- Tausendblatt *(Myriophyllum)*
- Wasserhyazinthen *(Eichhornia crassipes)*
- Zwerg-Teichrose *(Nuphar pumila)*

Wasserhyazinthen haben einen besonderen Reiz. Auch mit wärmerem Wasser hat die tropische Pflanze kein Problem und entzieht den Algen die Lebensgrundlage.

Badeteich für Rotschwanz und Meise

Eine Vogeltränke braucht nicht viel Platz. Den gefiederten Gesellen ein Wasserbad an heißen Sommertagen zu bieten, zahlt sich aus, sind doch Vögel wichtige Nützlinge im Naturgarten. Flache Schalen oder Mühlsteine kombiniert mit Findlingen und eleganten Gräsern oder üppigen Stauden machen Gartenecken zur Attraktion. Fünf Zentimeter Wasserstand reichen schon aus. Allerdings muss das Wasser regelmäßig gewechselt, der Behälter gereinigt und im Winter entleert werden.

Harmonisches Miteinander – ein Schwimmteich bietet Mensch, Pflanze und Tier gleichermaßen Lebensqualität.

Wasser erfrischt Mensch und Tier und belebt jeden auch noch so kleinen Garten

Der Teich als Ökosystem

Wassergärten haben eine historische Bedeutung. Aber nicht nur das! Die Hitze des Sommers lässt jedes Jahr aufs Neue vom eigenen Schwimmteich im Garten träumen. Aber auch ein kleinerer Teich macht einen Garten zum wertvollen Lebensraum – wenn abends die Frösche quaken und sich tagsüber die Sonne im Wasser spiegelt, Insekten summen und der Wasserläufer auf seine faszinierende Weise die Oberflächenspannung ausnutzt.

Der Teich im Garten

Mindestens 10 m² Platz braucht der klassische Gartenteich, sonst kann sich kein ökologisches Gleichgewicht einstellen. Die Folge wäre, dass das Wasser kippt. Es würden immer mehr Algen entstehen, damit verbunden käme es zu einem starken Nährstoffeintrag in das Wasser, bis es schließlich zu faulen beginnt. Nährstoffeinträge entstehen durch den Laubeinfall im Herbst, durch Fische und ausgeschwemmten Pflanzendünger. Das Reinigen des Wassers gehört daher zu den wichtigen Pflegemaßnahmen, und wer ein bisschen Technik zulässt, um sicher zu gehen, setzt zusätzlich Pumpen und Filter ein.
Es ist gar nicht so schwierig, einen Teich selbst herzustellen. Wer das maschinell tun kann, spart sich viele schweißtreibende Stunden des händischen Aushubs. Mit einer Wasserwaage kontrolliert man das Niveau, mit Pflöcken wird die Form markiert.
Spitze Steine müssen unbedingt entfernt werden, da diese sonst auch die 5 bis 10 cm starke Schicht aus feinem Sand durchstoßen und in der Folge Vlies und Folie verletzen.

Kapillarsperre und Randgestaltung

1 Erde Teichrand (z. B. Staudenbeete, Blumenwiese)
2 Randeinfassung (z. B. ins Mörtelbett versetzte Kleinpflaster, einreihig)
3 Kapillarsperre (z. B. 5 mm starke PE-Kunststoffbahnen ins Mörtelbeet gesetzt, Begrenzungselemente aus Beton)
4 Substrat und Pflanzzone
5 Schotter (z. B. Körnung 8/16 mm)
6 Vlies und Teichplane

Die Kapillarsperre

Damit das Wasser nicht von außen aus dem Teich gesaugt wird, ist eine Kapillarsperre unbedingt notwendig. Bei frisch aufgeschütteten Teichböden sollte in einem ersten Schritt eine vorübergehende Sperre – die noch nicht in Mörtel versetzt ist – gebaut werden, da sich das Erdreich noch setzen kann. Versetzen Sie erst im Folgejahr einen fixen Mörtelkeil (siehe Illustration).

Uferböschungen

Mit der Böschung steht und fällt ein Teich. Eine Uferböschung sollte nicht steiler als im Verhältnis 1:3 gegraben werden. Nur so kann verhindert werden, dass der Hang abrutscht. Wer keinen Platz für eine derartige Böschung hat, kann sich mithilfe von Mauern und Einfassungen helfen. Die Kapillarsperre ist aber in jedem Fall unerlässlich.

Irrtümer rund um den Gartenteich

- **„Ein Teich führt zur Gelsenplage!"**
Nein, in einem naturnah angelegten Teich stellt sich ein natürliches Gleichgewicht zwischen den Lebewesen ein. Die Insektenlarven und Amphibien, die ein solches Gewässer bewohnen, ernähren sich von den Gelsenlarven – so kann keine Massenvermehrung stattfinden.

- **„Ein Teich muss ausgelassen und neu befüllt werden, wenn sich Algen bilden!"**

Seerosen blühen den ganzen Sommer über.

Auf keinen Fall! Alle Lebewesen, die im Teich sind, würden vernichtet werden. Genau sie sind aber notwendig, um den Algen Konkurrenz bieten zu können. Wasserpflanzen binden durch ihr Wachstum Nährstoffe und lassen so den Algen weniger übrig.
In einem gut angelegten Teich ist die Regenerationsfläche groß genug, es sind ausreichend Pflanzen im Teich und eine teilweise Beschattung durch z. B. einen Baum ist gegeben. Bei solchen optimalen Bedingungen entsteht nach einiger Zeit ein stabiler Nährstoff-Kreislauf, der ein zu starkes Aufkommen der Algen verhindert.

- **„Ein Bachlauf oder ein Springbrunnen sind gut für die Wasserqualität!"**

Falsch! Bachläufe und Quellsteine führen dazu, dass sich das Wasser vor allem in den heißen Mittagsstunden in der Luft und an den Steinen stärker erwärmt und dadurch weniger Sauerstoff halten kann. Trotzdem ist ein Bachlauf ein schönes und erfrischendes Element in einem Garten. Wer darauf nicht verzichten will, sollte den Ablauf nicht an der tiefsten Stelle des Teiches einplanen, denn sonst kommt das nährstoffreiche Wasser immer wieder in den Teich zurück. In den heißen Mittagstunden die Pumpe abschalten!
Algenprobleme lassen sich auch nicht durch den Einbau eines Springbrunnens lösen – ganz im Gegenteil. Viele Wasserpflanzen vertragen das stark bewegte Wasser nicht und wachsen schlechter, etwa die Seerosen. Dabei sind es aber diese Wasserpflanzen, die dem Wasser Nährstoffe und damit den Algen die Lebensgrundlage entziehen.

Der Tannenwedel zählt zu den raschwüchsigen Wasserpflanzen.

Die spannenden Details des Ökosystems Teich kann der Kameramann des „Natur im Garten"-Teams am besten von oben einfangen.

Im Trend: Schwimmteiche

Schwimmen in chemiefreiem Wasser, mitten in einem wertvollen Lebensraum für Pflanzen und Tiere, ist ein umweltfreundlicher Beitrag und schafft erlebnisreiche Stunden. Je älter und artenreicher das zunächst von Menschenhand künstlich geschaffene Ökosystem Schwimmteich ist, desto stabiler wird auch sein Gleichgewicht.

PRAKTISCH GARTELN

So funktioniert der Schwimmteich

- Mindestgröße: 100 bis 150 m²
- Mindesttiefe: 2 bis 3 Meter
- Schwimm- und Regenerationsbereich sollten im Verhältnis 50:50 stehen.
- PVC-freie Teichfolien sind umweltfreundlicher.
- Ein richtig angelegter Schwimmteich braucht keine Technik, um zu funktionieren.
- Ist ein natürliches Gleichgewicht der Lebewesen im Teich gegeben, kann keine Gelsenplage entstehen.
- Fische im Teich sind nicht zu empfehlen – sie führen zu starken Nährstoffeinträgen und damit zu Algenproblemen.
- Wasserpflanzen wie z.B. die Seerose – aber auch Algen – lieben die Sonne. Daher ist es gut, am Rande eines Schwimmteiches einen Baum zu pflanzen, etwa einen Bergahorn. Dann liegt die Wasserfläche teils in der Sonne, teils im Schatten, und so gibt es weniger Probleme mit Algen. Der Laubeintrag im Herbst muss allerdings vermieden werden – ein Laubnetz ist von Vorteil.

Wasserpflanzen setzen

Bei einem 250 m² großen Schwimmteich können Sie mit etwa 300 Stück Pflanzen rechnen. Robuste Arten wie Binsen, Rohrkolben oder Kalmus wachsen stark und schnell zusammen, während Sumpfiris, Blutweiderich und Sumpfdotterblumen mit bunten Blüten den Uferbereich zieren. Nehmen Sie sich für die Planung der Pflanzenauswahl viel Zeit. Immer wieder kommt es dabei zu Fehlern, die später viel Mühe mit sich bringen. Wenn z. B. die Bepflanzung der Uferzone zu wenig dicht ausfällt, dauert das Zusammenwachsen zu lange. Zu hohe Pflanzen neben dem Steg machen das Durchgehen bald unmöglich. Zu stark wachsende Sorten von Seerosen in flachem Wasser produzieren viel Blattmasse, sind aber blühfaul.

Der Blutweiderich *(Lythrum salicaria)* wächst horstartig, wuchert nicht und blüht im Sommer zauberhaft purpurfarben.

Als Pflanzsubstrat für Seerosen verwenden Sie grobe Steine, Gartenerde und organischen Dünger. Der Korb wird dann ganz einfach in den Teich abgesenkt.

Seerosen *(Nymphaea)* gehören eigentlich in jeden Teich, denn sie blühen nicht nur wunderschön, sondern sie entziehen dem Wasser auch Nährstoffe und verhindern damit weitgehend unerwünschtes Algenwachstum. Am ein-

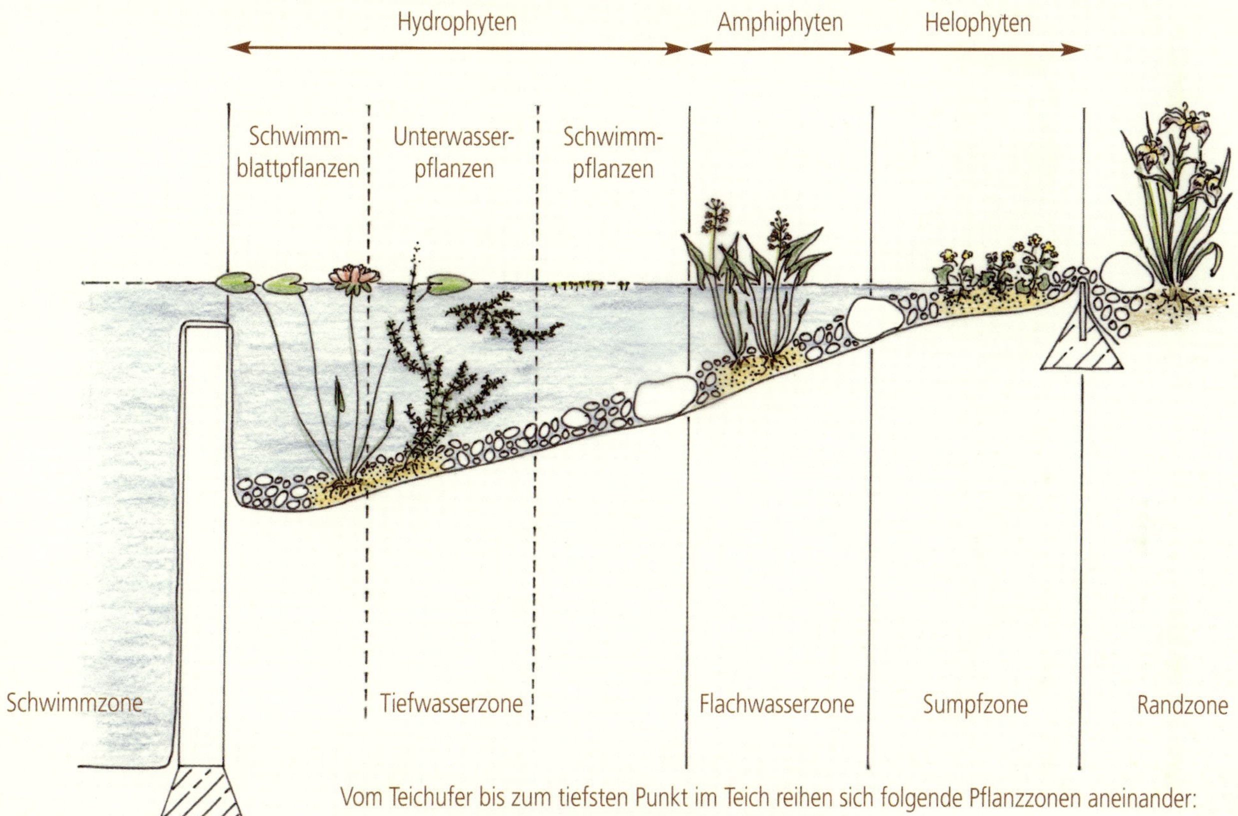

Vom Teichufer bis zum tiefsten Punkt im Teich reihen sich folgende Pflanzzonen aneinander:
Randzone: außerhalb der Teichplane, normaler Gartenboden
Sumpfzone: Wasserstand 0 - 10 cm
Tiefwasserzone: Wasserstand tiefer als 40 cm

Seerosen zählen nicht nur zu den schönsten Teichpflanzen, sie entziehen auch den Algen die Nährstoffe.

fachsten lässt sich eine Seerose in einem Weidenkorb – z. B. in einem alten Einkaufskorb – pflanzen. Als Pflanzsubstrat dienen Kompost und eine mit organischem Dünger aufgebesserte Gartenerde. Wichtig ist, die Erde gut mit Kies und Steinen abzudecken, um ihre Auswaschung zu verhindern. Mittels eines Hakens lässt sich der Korb mit der Seerose vorsichtig und punktgenau im Teich versenken. Der Korb zerfällt nach einiger Zeit im Wasser und die Seerose kann dann ungehindert am Teichgrund weiter wurzeln.

TIPP

Umbau eines Pools

Das alte Schwimmbad ist schon reparaturbedürftig oder die Anschauungen der Familie haben sich schlicht geändert. Ein Pool kann zum Schwimmteich umgebaut werden. Dazu müssen die Mauerkanten ein Stück abgetragen werden, oder aber man schüttet das Gelände rundum an. Allerdings bildet der Pool nur den Kern des Schwimmteichs und Sie müssen zusätzlich eine Wasserfläche in gleichem Ausmaß für den Regenerationsbereich einplanen!

Gefahrenquellen

Leider ist bedingt durch Wasser im Garten – und da genügt schon eine Regentonne – schon viel passiert. Vor allem Kinder werden oft Opfer ihrer Neugier. Ein kurzer Moment genügt und ein schlimmer Unfall kann nicht mehr verhindert werden!

Wenn Sie kleine Kinder haben, sollten Sie in diesen Jahren nicht der Optik, sondern der Sicherheit unbedingt den Vorrang geben. Entweder zäunen Sie den Teich ganz einfach ein, oder aber – noch besser – Sie legen knapp unter der Wasseroberfläche ein Schutzgitter. So wird das Kind zwar nass, aber es kann nicht ertrinken.

Es gibt noch andere Gefahren im und um den Teich. Im Winter bildet sich die Eisdecke, die zwar jede Menge Vergnügen bereitet, aber einbrechen kann. Hier sind es oft auch Erwachsene, die ihr Gewicht unterschätzen.

Ein rauer Steg kann eine Verletzungsgefahr mit sich bringen oder ein rutschiges, nasses Holzbrett einen Sturz begünstigen. Stege und Übergänge müssen immer wieder kontrolliert werden. Gibt es Schrauben oder Späne, die hervorstehen? Ist das Holz ausreichend abgeschliffen? Ist der Fugenabstand klein genug, auch für Kinderzehen? Er sollte nicht mehr als 5 mm betragen. Wachsamkeit am Wasser ist zu jeder Zeit oberstes Gebot!

Der Teich im Herbst

Im Herbst sollte eine Pflegearbeit nicht vernachlässigt werden: das Abfischen der abgefallenen Blätter. Damit verhindert man, dass sich zu viel organisches Material am Boden absetzt und sich Faulgase bilden können. Bei starkem Laubfall empfiehlt es sich, ein Netz zu spannen. So ein Netz kann an Holzpflöcken, Stangen, Drähten oder Schnüren befestigt werden. Das Netz über dem Teich sieht zugegeben nicht schön aus, spart aber einfach viel Arbeit – und wer will das nicht? Mit Heringen wie bei einem Zelt lässt es sich leicht spannen. Die Maschenweite ist je nach Laubgröße zu bestimmen,

Wer sich die Mühe des Blätterfischens sparen möchte, spannt ein Netz – dann gelangen erst gar keine Blätter in den Teich.

Zu den wichtigsten Pflegearbeiten zählt im Herbst das Entfernen von Laub.

wobei Lärchennadeln praktisch durch alle Netze durchfallen. Lärchen in Teichnähe sollten also eindeutig vermieden werden.

Gräser, Schilf oder andere Wasserpflanzen werden im Herbst noch nicht abgeschnitten. Ihre Stängel sind die natürliche Luftzufuhr, wenn der Teich gefroren ist. Man kann auch Eisfreihalter in das Wasser legen, sie sorgen dafür, dass der Teich an einer Stelle immer offen bleibt.

Alle Rückschnittarbeiten erfolgen in der warmen Jahreszeit, dann ist der Rückschnitt oder das Reduzieren der Pflanzen gut möglich. Durch derartige Maßnahmen wird dem Teich Biomasse entzogen, was wiederum Nährstoffe wie Stickstoff und Phosphor reduziert. Eine Unterwassersense mit einer langen Teleskopstange leistet gute Dienste. Die am Wasser schwimmenden abgetrennten Teile der bewurzelten Pflanzenarten lassen sich dann ebenso abfischen wie die nicht verankerten Unterwassergewächse. Was auch immer geschnitten wird, diese Arbeit erfolgt in den Sommermonaten, und das hat auch einen Vorteil für den Teichbesitzer: Er muss sich dem kalten Wasser im Herbst und Winter nicht einmal nähern!

TIPP

Steine nicht reinigen!

Der Algenfilm auf den Steinen ist wichtig für die biologische Reinigung des Wassers. Millionen von Mikroorganismen sorgen für klares Wasser – daher niemals abbürsten.

Funktioniert das Gleichgewicht, bleibt das Wasser glasklar.

Ein feiner Wasserstrahl eignet sich vor allem für Jungpflanzen und aufkeimende Saat.

Wässern und Gießen – aber richtig!

Richtig gießen heißt durchdringend zu gießen. Wässern Sie lieber seltener, aber dafür intensiver – mit 20 bis 25 Litern Wasser pro Quadratmeter. Oder anders gesagt: Beim Gießen langsam bis 25 zählen und erst dann den Standort wechseln.
In den trockeneren Perioden passen sich die Pflanzen an und wachsen mit ihren Wurzeln verstärkt in die Tiefe. Gießen Sie hingegen oft und wenig, bleiben die Wurzeln in der oberen, trockeneren Bodenschicht und können die heißen Monate erst recht nicht ohne Ihre tägliche Hilfe überdauern.

Wer gießt... sollte das ausreichend tun!

Die beste Zeit...

zum Gießen sind die Morgenstunden. Wird abends gegossen, dann können die Blätter nicht mehr abtrocknen und die Feuchtigkeit verstärkt die Anfälligkeit für Krankheiten. In den heißen Mittagstunden wirken Tropfen auf den Blättern wie ein Brennglas und es kommt regelrecht zu Verbrennungen an den Pflanzen. In den kühlen Mor-

Wer Regenwasser sammelt, tut seinen Pflanzen Gutes.

TIPP

Gewusst wie!

- Ein kleiner Erdwall als Gießrand hält das Wasser in Wurzelnähe!
- Möglichst in den Morgenstunden und von unten gießen!
- Immergrüne Pflanzen brauchen immer Wasser, also auch im Winter!
- Balkonblumen benötigen an heißen Tagen zweimal Wasser!
- Pflanzen in Töpfen einfach in einen Kübel mit Wasser tauchen, so lange bis keine Luftblasen mehr aufsteigen!

genstunden jedoch kann die Feuchtigkeit bis Mittag rechtzeitig abtrocknen. Wer mit der Gießkanne das Wasser verteilt, wählt für ein Beet mit aufkeimenden Pflänzchen die Brause. Zu den Tomaten zum Beispiel gießt man das Wasser allerdings mit dickem Strahl von unten, damit die Blätter nicht nass werden. Noch besser – das lieben die Tomaten – gießt man in einen am Fuße der Pflanze vergrabenen Blumentopf. Dort gelangt das Wasser dann in ausreichender Menge direkt zu den Wurzeln der Tomaten, und die Blätter bleiben mit Sicherheit vom Wasser unberührt. So können viele Krankheiten vermieden werden. Vorbeugen ist immer der beste Pflanzenschutz im Naturgarten! Und Vorbeugen ist auch die Grundregel des intelligenten faulen Gärtners!

Ein Tropfschlauch ist schnell selbst hergestellt – einfach Löcher bohren, fertig!

Das beste Wasser...

kommt aus der Regentonne. Pflanzen lieben Regenwasser, es ist weich – was die Wasserhärte anbelangt – und richtig temperiert. Eine Wohltat für unsere Pflanzen! In vielen Gebieten Österreichs herrscht hartes Wasser vor, das ist Wasser mit einem hohen Kalkanteil. Den Pflanzen schadet Kalk im Normalfall nicht, es sei denn, es handelt sich um Pflanzen, die einen sauren Boden bevorzugen. Aber auch der Gedanke des natürlichen Kreislaufs sollte an dieser Stelle aufgegriffen werden. Wer Wasser sammelt, spart auch Wasser und schont letztlich seine Geldbörse. Durch die Umweltverschmutzung kommt leider nicht nur Gutes vom Himmel. Wer das erste Regenwasser nicht in die Sammeltonne lässt, sondern durch eine Klappe an der Regenrinne ableitet, ist auf der sicheren Seite. Das folgende Wasser kommt schon, im wahrsten Sinne des Wortes, durch die gewaschenen Luft und über das saubere Dach und kann in seiner Qualität nicht übertroffen werden.

Tröpfchenbewässerung

Niemand braucht sich ein teures Bewässerungssystem zu kaufen. Der Tropfschlauch kann ganz einfach selbst hergestellt werden. Es genügt schon, in einen Schlauch in regelmäßigen Abständen Löcher zu bohren. Wenn man dann den Wasserhahn aufdreht, rinnt das kühle Nass zu den Pflanzenwurzeln. Komfortabler ist es, einen Verteiler zu haben und eine Zeitschaltuhr, die automatisch die Bewässerung schaltet.

Blüten

Was wäre eine Welt ohne Blüten? In der Natur gehören für mich die üppig blühenden Blumenwiesen zu den schönsten Blumenbeeten. Im Garten kann man das natürlich nachmachen, aber wenn der Platz nicht reicht, dann haben die bunten Staudenbeete ihren großen Auftritt. Die Engländer nennen diese Beete „Mixed Borders", buntgemischte Blumenbeete. Sie sind es, die vom zeitigen Frühjahr bis in den späten Herbst die Attraktion in einem Garten darstellen. Die ersten Krokusse, die ersten Schneeglöckchen und im Herbst das bunte Laub einer „sterbenden" Funkie. Der Anfang vom Ende für einen Neubeginn im neuen Jahr.

Blumenbeete kann man exakt planen, mit Zeichnungen und Tabellen. Viele meiner Staudenbeete sind aber über die Jahre entstanden. Immer wieder wurden blütenarme Zeiten mit blühenden Stauden belebt. So sind mit der Zeit immer üppigere Beete entstanden. Wurden manche Pflanzen zu groß, so wurden sie geteilt und neue Beete angelegt. Dadurch entstanden neue Rabatten und es haben sich mit der Zeit genau jene Pflanzen etabliert, die sich in meinem Gartenboden wohlfühlen. Ein wenig Geduld – auch bei der Beetgestaltung – hat sich gelohnt und ohne große Mühe ist ein blühendes Paradies entstanden.

Egal ob Blätter oder Blüten – im Staudenbeet lassen sich Farben und Formen zu harmonischen Bildern kombinieren.

Die hohe Kunst, Blatt- und Blütenstauden zu einem Gesamtbild zu kombinieren, macht süchtig. Der Trend geht zum Mischen von Stauden, Gräsern und Zwiebelblumen – ein Pflanzenthema, das nie langweilig wird und immer neue Überraschungen für uns bereithält.

Von Sonnenkindern und Schattenpflanzen

An besonders sonnigen Standorten fühlen sich Stauden wohl, die auch ein paar Tage Trockenheit vertragen. Edeldistel, Heiligenkraut, Kugeldistel, Schafgarbe und ihre Verwandten zählen dazu. Zierlauch-Arten setzen mit eindrucksvollen Blütenständen im Mai und Juni kugelige Akzente im sonnigen

Bunte Pracht – Stauden & Sommerblumen

Während Sträucher und Bäume die große Kulisse, das Gerüst des Gartens bilden, bringen Stauden Farben und Strukturen in die Beete, sie sind der „blühende“ Zuckerguss, mit dem das Gartenbild vollendet wird.
Stauden zählen botanisch gesehen zu den mehrjährigen, ausdauernden Pflanzen, die – einmal eingewachsen – über viele Jahre an ihrem Platz bleiben können. Ihre oberirdischen Teile sterben im Winter ab, aus den unterirdischen Organen wie z. B. Wurzeln und Knollen wachsen in jedem Frühjahr wieder neue Triebe. Den Wechsel der Jahreszeiten verfolgen zu können, gehört zu den schönsten Erlebnissen im eigenen Garten. Die ungeheure Vielfalt der Stauden macht es möglich, sich von Anfang Jänner bis Ende Dezember Blüten in den Garten zu holen – und das in allen denkbaren Farben und Formen.

Ton in Ton oder kräftige Farbkontraste? Gräser und Zwiebelblumen dazwischen setzten? Wie werden die verschiedenen Wuchshöhen harmonieren?

Der Zierlauch ist ein ganz besonderes Kunstwerk der Natur, egal ob als Knospe oder später als perfekte Blütenkugel.

Sempervivum-Arten werden in alten Töpfen und Gefäßen zu attraktiven Blickpunkten.

Staudenbeet. Wer diese als prächtigen Blickfang jedes Jahr genießen will, muss bereits im Herbst daran denken und die Pflanzen gut mit Kompost und Hornspänen versorgen. Denn nach der Blüte zieht die Pflanze rasch ein und zur Regeneration bleibt nur wenig Zeit. Wer wenig Arbeit haben will, setzt trockenheitsverträgliche Bodendecker, z. B. Fingerkraut, Mauerpfeffer und Wollziest. Der Trockenkünstler schlechthin ist aber *Sempervivum*. Wörtlich lässt sich der Name mit „immerlebend" übersetzten, im Volksmund wird die Pflanze auch Donnerwurz oder Dachwurz genannt. Alles Hinweise darauf, dass diese Pflanze mit extremen Lebensbedingungen, mit kargem Boden, Hitze oder Trockenheit – wie sie etwa auf Dächern oder in Felsspalten vorkommt – bestens zurechtkommt. Im Garten ist sie ein äußert hübsches und genügsames Gewächs für die heißesten Plätze wie Terrasse, Steingarten oder Trockenmauer. Wichtig ist, besonders bei der Pflanzung in Töpfen, das Pflanzsubstrat abzumagern und für eine gute Dränierung zu sorgen, damit Fäulnis verursachende Staunässe vermieden wird. Dazu mischt man Gartenerde zu gleichen Teilen mit Sand und Tonperliten oder Ziegelsplitt. Durch die große Vielfalt an Arten und Formen, die Sempervivum bietet, kann man seiner Gestaltungsleidenschaft freien Lauf lassen.

Fast in jedem Garten gibt es Stellen, an die sich nur wenige Lichtstrahlen verirren. Unter Bäumen, zwischen schmalen Durchgängen und in Gartenecken finden sich dann Flecken, die man am liebsten verbergen würde. Das muss nicht sein, denn schattige Bereiche im Garten können mit der richtigen Bepflanzung zu wahren Schatzkästchen werden. Hier hat man noch dazu den Vorteil, im Sommer nicht so viel gießen zu müssen.

Pflanzen für halbschattige und schattige Standorte wirken zumeist durch Blätter oder Wuchsformen. Dazu zählen nicht nur Funkien und die vielfältigen Gräser, sondern auch Farne mit ihren anmutigen Wedeln. Sie passen ideal in schattige Gartenbereiche. Immergrün, Efeu, Waldsteinie oder Schaumblüte lassen sich als verlässliche Bodendecker einsetzen, auch dort, wo auch nur wenige Sonnenstrahlen Licht bringen.

Wahre Prachtstauden auch im Halbschatten sind die Funkien. Die langlebigen Stauden mit den großen, elegant geschwungenen Blättern in dunkel- oder hellgrünen, blaugrünen und auch gelbweißen Farbtönen können sehr abwechslungsreich sein. Viele, die mit wenigen Funkiensorten beginnen,

Farne sind langlebige, sehr attraktive Stauden für schattige Bereiche, die kaum Arbeit machen.

Funkien und Schneerosen gedeihen auch unter schattigen Bäumen gut.

werden rasch von der Sammelleidenschaft gepackt. Doch leider mögen auch die lästigen Nacktschnecken Funkien besonders gerne. In Töpfen sind die Pflanzen auf Terrassen, Balkonen aber auch im Garten vor den gefräßigen Tieren besser geschützt. Funkien gedeihen darin prächtig, wenn sie gleichmäßig feucht gehalten und mit einem organischen Langzeitdünger versorgt werden.

TIPP

Blütenstauden für den Schatten

- Elfenblume *(Epimedium)*
- Goldnessel *(Lamiastrum galeobdolon)*
- Lungenkraut *(Pulmonaria)*
- Schaublatt *(Rodgersia)*
- Salomonssiegel *(Polygonatum multiflorum)*

Staudenbeete, die lange Freude machen

Bis spät in den Herbst hinein präsentieren sich einige Stauden in den prächtigsten Farben: Fackellilie, Mädchenauge, Sonnenbraut und Sonnenhut strahlen in der Herbstsonne in den schönsten Gelb-, Orange- und Brauntönen um die Wette. Eindeutig! Unter den Stauden, die bis in den Oktober hinein intensiv blühen, sind die Korbblütler besonders stark vertreten.

Die Fackellilie *(Kniphofia)* kommt dank ihrer auffälligen Blüten als Solitärpflanze besonders gut zur Geltung.

Mindestens drei Pflanzen einer Staudensorte zusammenpflanzen, dann kommen sie richtig gut zur Geltung.

Die Blüten der Sonnenbraut *(Helenium)* strahlen im warmen Licht des Spätsommers.

Allesamt lassen sie sich dank ihrem robusten und kräftigen Wuchs gut in naturnahe Gärten integrieren. Nach der Blüte bleiben die Stängel und Blütenstände der Pflanzen stehen. Sie sehen im Winter, mit Raureif oder Schnee bedeckt, auch wunderschön aus und bieten Überwinterungsmöglichkeiten für Nützlinge.

Stauden pflanzen

Ob sonnig oder schattig, trocken oder feucht – wählen Sie für jede Staude den passenden Standort in Ihrem Garten, denn nur dort entwickelt sie sich zu einer gesunden, prächtigen Pflanze. Die meisten Stauden brauchen einen humosen, durchlässigen Boden, der bei Bedarf mit reifem Kompost verbessert werden kann. Setzen Sie in einem Beet nicht ausschließlich eine einzelne Sorte, sondern abgestuft nach Wuchshöhe und Blütezeitpunkt mehrere von jeder Art, damit sich später ein harmonisches Bild ergibt.

Der Herbst ist die beste Zeit, ein neues Staudenbeet anzulegen. Der Boden ist dann noch warm, die hohe Luftfeuchtigkeit tut den Pflanzen gut und sie haben bis zum ersten Frost genügend Zeit, um einzuwachsen. Der erste Schritt zum neuen Staudenbeet ist die Bodenvorbereitung: Den Boden tiefgründig lockern und dabei evtl. vorhandene Wurzelunkräuter möglichst sorgfältig entfernen, Kompost leicht einarbeiten und Hornspäne einstreuen. Am besten wachsen die Pflanzen an, wenn Sie diese vor dem Setzen ordentlich wässern. Tauchen Sie den Topf mit dem Wurzelballen unter Wasser, so lange, bis keine Luftblasen mehr aufsteigen. Danach den Ballen etwas aufreißen, die Pflanzen setzen, fest andrücken und eingießen. Eine Mulchschicht aus Grasschnitt schützt den Boden vor Austrocknung und hält das Unkrautwachstum zurück. Einige Lücken dürfen bleiben, denn da kommen, ebenfalls noch im Herbst, die Blumenzwiebeln für die Blüte im nächsten Frühjahr hinein.

Altbekannt und beliebt – das Tränende Herz *(Dicentra spectabils)*, eine traditionelle Pflanze des Bauerngartens.

Im Herbst gepflanzte Stauden haben genügend Zeit zum Einwurzeln und können dann im Frühling voll durchstarten.

Stauden sind die winterharten, krautigen Blüher im Garten – die Auswahl ist groß.

Einjährige Pracht – schnell gemacht: Ringelblumen *(Calendula officinalis)* und die Samenstände des Silberlings *(Lunaria annua)*.

Lücken füllen

Frisch angelegte Staudenbeete brauchen Zeit, um dicht zu verwachsen und üppig zu blühen. Im ersten Jahr gibt es oftmals noch Lücken. Mit Sommerblumen, die direkt ausgesät werden, lassen sich diese Lücken rasch und unkompliziert füllen. Cosmeen, Salbei, Sonnenblumen und z. B. die bizarre Spinnenblume sind solche einjährigen Pflanzen. Besonders viele Blüten bringen die beliebten Studentenblumen und die duftenden Levkojen.
Wer glaubt, keinen grünen Daumen zu haben, der sollte einmal die nicht rankende Kapuzinerkresse aussäen. Die keimt garantiert und bildet wahre Blütenteppiche. Ob gelb, rot oder orange blühende, oder eine der vielen neuen Sorten, die aus England zu uns gekommen sind: Alle sind eine Augenweide

Viele einjährige und zweijährige Sommerblumen eignen sich für den direkten Anbau und müssen nicht in Töpfen vorgezogen werden. Man streut die Samen von Juni bis Juli auf eine gut vorbereitete Stelle mit feinkrümeliger Erde und hält sie gleichmäßig feucht. Nach dem Aufgehen der Saat lässt man nur ein bis zwei kräftige Jungpflanzen im Abstand von 10 cm stehen. Die überzähligen Pflanzen können an andere Stellen versetzt werden.

und die Blüten und jungen Blätter lassen sich auch noch in einem bunten Salat verwenden.
Zum Ende des Herbstes werden die Einjährigen abgeräumt und auf den Kompost gebracht. Achten Sie aber auf die Samenstände – viele dieser Pflanzen lassen sich ganz leicht im kommenden Jahr aussäen, etwa Ringel- und Studentenblume. Bei den Sonnenblumen sind Naturgärtner großzügig und lassen die Samenstände stehen: Die Kerne sind das beste und natürlichste Futter für die nützlichen Singvögel.

PRAKTISCH GARTELN

Stauden teilen

Auch Stauden kommen in die Jahre, werden unansehnlich und hören auf zu blühen, oder sind einfach zu groß geworden. Im Frühling oder Herbst werden die Pflanzen in Stücke geteilt – entweder mit einem scharfen Spaten oder mit der Hand – und dann wieder neu gepflanzt. Das ist ein Jungbrunnen für die Stauden. Die Teilstücke finden einen neuen Platz im Garten oder sind ein nettes Geschenk für andere Gartenfreunde. Pfingstrosen werden selten, und wenn, dann am besten im Herbst geteilt. Lockern Sie den Boden und graben Sie die Knolle der Pfingstrose ca. 2 bis 3 cm tief ein. Die Knospen, die jetzt schon zu sehen sind, treiben im kommenden Jahr Blätter. Blühen wird die Pflanze dann ein weiteres Jahr darauf.

TIPP

Staudeneinkauf

Nehmen Sie vor dem Kauf einer Staude den Wurzelballen kurz aus dem Topf. Am besten wachsen die Pflanzen an, wenn der Ballen zwar gut durchwurzelt, aber nicht allzu dicht ist. Ist der Topf völlig von Wurzeln ausgefüllt, müssen Sie den Wurzelballen vor dem Einsetzen gut aufreißen. Dann bilden sich neue Wurzeln und die Staude wächst trotzdem gut an.

Eine Sommerblume mit exotischer Anmutung: die Spinnenpflanze *(Cleome spinosa)*

Wird der Rittersporn nach der Blüte bodeneben zurückgeschnitten, blüht er ein zweites Mal.

Blütezeit verlängern

Blüten über Blüten – der Hochsommer ist die üppigste Zeit im Garten. Das Wichtigste ist, regelmäßig Abgeblühtes zurückzuschneiden. Die Pflanzen werden dadurch buschiger und es bilden sich neue Blütenknospen. Manche Stauden blühen nach dem Rückschnitt auch ein zweites Mal, z. B. der Rittersporn. Nach dem Verblühen können Sie ihn bodeneben abschneiden und mit Kompost oder Hornmehl düngen – er blüht dann im September noch einmal. Und auch die Katzenminze schenkt uns einen zweiten Blütenflor. Schneiden Sie die verblühten Triebe auf ca. 10 bis 15 cm zurück, dann können Sie sich in wenigen Wochen an neuen Blüten freuen.
Beim Phlox behelfen Sie sich mit einem Trick: Zu Beginn der Blütezeit im Mai schneiden Sie ca. die Hälfte der noch nicht blühenden Triebe um etwa 1/3

Der Echte Alant *(Inula helenium)* trägt nicht nur attraktive Blüten, sondern ist eine wichtige Bienenweidepflanze im naturnahen Garten.

zurück. Die ungeschnittenen Triebe blühen jetzt, die anderen blühen erst verspätet. So können Sie die Blütezeit um mehrere Wochen ausdehnen.

Stauden mit ungefüllten Blüten sind wichtig

Achten Sie darauf, auch ausreichend Sorten mit ungefüllten Blüten in Ihren Garten zu holen – darüber freuen sich die nützlichen Insekten. Denn im Gegensatz zu vielen züchterisch veränderten, gefüllten Blüten stellen die einfachen, ungefüllten Blüten Nektar und Blütenstaub als Nahrung für Insekten, darunter auch die Honigbienen, zur Verfügung. Später bringen auch nur die einfachen Blüten Früchte und Samen hervor, die wiederum so manchem Gartenmitbewohner als Nahrung dienen oder zur Verbreitung der Pflanze beitragen.
Von allen gefüllten Sorten gibt es auch ungefüllte Verwandte, die vielleicht nicht ganz so auffällig, dafür aber oftmals schlichte, zarte Schönheiten sind.

Einfach praktisch – Zwiebelblumen

Blumenzwiebeln sind kleine Wunderwerke der Natur – sie tragen alle Nährstoffe, die für die Entwicklung der Pflanze benötigt werden, bereits in sich, und kommen nach dem Winter rasch zur Blüte.
Wer also im kommenden Frühjahr blühende Zwiebelblumen sehen möchte, muss im Herbst den Grundstein dafür legen.

Zwiebelblumen nicht flächig zusammensetzen, sondern ins Staudenbeet integrieren – das bringt sie noch besser zur Geltung.

Kein Gartenjahr ohne Tulpen, sie sind die lang erwarteten Frühlingsboten.

TIPP

Kaiserkrone und Schachbrettblume

Ein ungewöhnliches Highlight im Frühlingsgarten setzen Fritillarien. Neben den bekannten Kaiserkronen *(Fritillaria imperialis)* gehören zu dieser Gattung auch so ungewöhnliche Arten wie die zierliche Schachbrettblume *(Fritillaria meleagris)* oder die exotisch anmutende Fritillaria persica.

Die Sorte 'Lutea', eine Kaiserkrone, wird etwa 80 cm hoch und zeigt im März und April imposante goldgelbe Blüten.

Tulpen, Narzissen & Co richtig pflanzen

Frühjahrsblühende Zwiebeln und Knollen werden ab September gepflanzt, denn sie brauchen die Kälteperiode des Winters, um im kommenden Frühjahr ihre Blütenpracht zu entfalten. Die niedrigen Temperaturen geben ihnen das Signal dazu. Ein gut wasserdurchlässiger Gartenboden ist ideal; sollte der Boden zu schwer sein, kann der Wasserabfluss durch Zugabe von Sand verbessert werden. Das Erdreich wird gut gelockert und mit Kompost aufbereitet. Die richtige Pflanztiefe beträgt 2- bis 3-mal die Zwiebelhöhe und auch der Abstand der Zwiebeln zueinander sollte dieses Verhältnis haben. Wenn Zwiebelpflanzen abgeblüht sind, werden die Samenstände entfernt. Wichtig ist es, die Blätter noch zu belassen, bis sie ganz eingezogen sind. Sie stellen die Versorgung der Zwiebel mit Nährstoffen sicher, damit sie auch im nächsten Jahr kräftig blühen können. Tulpen blühen übrigens regelmäßig, wenn die Pflanzstellen im Sommer gut abtrocknen oder die Zwiebeln herausgenommen und im Winter trocken gelagert werden.

Besonders pflegeleicht

Verwildernde Zwiebelblumen wie Krokusse oder Schneeglöckchen vermehren sich an günstigen Standorten von selbst. Aber auch Blausternchen, Traubenhyazinthe und Winterling wandern durch den Garten und tauchen jedes Jahr als bunte Farbkleckse im Beet oder

Blumenzwiebeln lassen sich auch in Töpfen pflanzen – wichtig ist, dass Wasser abfließen kann.

im Rasen wieder auf. Wachsen Zwiebelpflanzen im Rasen, dürfen diese Stellen frühestens wenn die Blätter gelb sind erstmalig gemäht werden. In der Zeit nach der Blüte verlagern die Pflanzen neue Speicherstoffe in die Zwiebeln oder Knollen. Also, besser erst später mähen oder einfach ein paar Inseln stehen lassen.

Auch unter der Hecke lassen sich die kleinen Wilden ansiedeln. Streuen Sie Zwiebeln von Blausternchen, Krokus, Schneeglöckchen und anderen einfach unter einer Hecke aus, nachdem Sie den Boden gelockert haben. Mit einem Gemisch aus Erde und Kompost bedecken, mulchen und schon im kommenden Jahr werden sich bunte Blütenteppiche ausbreiten.

Traubenhyazinthen *(Muscari racemosa)* sorgen im zeitigen Frühjahr für blaue Inseln im Garten.

Dahlienblüten sind verlässliche Blickpunkte im Garten – bis weit in den Oktober hinein.

Zwiebelblumen des Sommers

Wer es im Herbst nicht geschafft hat, Tulpen und andere Blumenzwiebeln rechtzeitig in die Erde zu bringen, kann das im späten Frühjahr mit den sommerblühenden Zwiebelblumen nachholen. Bei Canna, Dahlien, Gladiolen, Monbretien und vielen anderen lässt sich aus dem Vollen schöpfen.

Die pflegeleichten Wildtulpen kann man getrost sich selbst überlassen – sie vermehren sich problemlos und blühen verlässlich.

Gepflanzt werden diese frostempfindlichen Sommerblüher ab Mitte Mai, bis dahin müssen sie kühl und dunkel, aber luftig gelagert werden. Im Herbst, nach einer langen Blüte, nimmt man sie wieder aus der Erde, um sie in einem trockenen, frostfreien Raum zu überwintern.

Abgeblühte Dahlienblüten sollten Sie immer abschneiden. Dann bilden sich neue Blühtriebe bis weit in den Oktober hinein. Mit dem Abschneiden der gesamten Pflanze warten Sie aber bis nach den ersten Frostnächten. Erst wenn die Pflanzen durch den Frost schwarz geworden sind, ist die Zeit gekommen, die Knollen auszugraben. Vorsicht: Die „Zehen" der Knollen sind sehr lichtempfindlich, daher nicht in der Sonne trocknen lassen. Gladiolen und Knollenbegonien werden wie Dahlien in Sand oder Holzspäne eingeschlagen überwintert – bei ca. 5 bis 8 °C – so entsteht keine Fäulnis. Vergessen Sie nicht auf die Beschriftung und verwenden Sie der Natur zuliebe keinen Torf, er würde die Pflanzen ohnehin austrocknen.

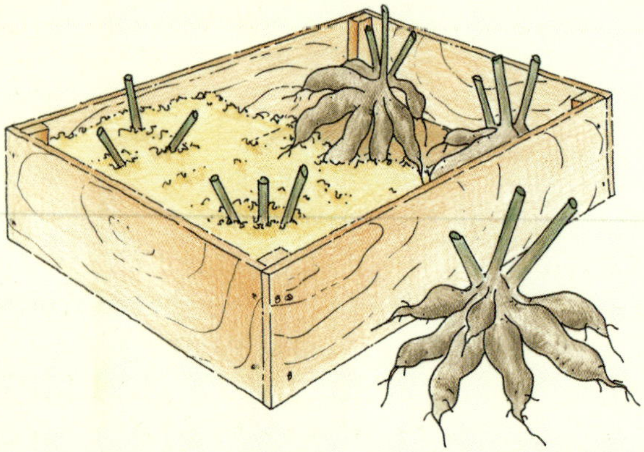

Nach den ersten Frösten werden Dahlien zurückgeschnitten und ausgegraben. Die Knollen schlägt man in Holzspäne ein und lagert sie im feuchten Keller.

PRAKTISCH GARTELN

Zwiebelblumen im Topf

Zwiebelgewächse eignen sich auch hervorragend als Topfpflanzen! Geben Sie Erde in ein Gefäß und legen Sie große Zwiebeln hinein – z. B. von Narzissen und großen Tulpen. Dann wieder Gartenerde darüberstreuen. In die nächste Schicht kommen kleine Narzissen – stecken Sie die Zwiebeln zu den unteren versetzt und bilden Sie ruhig jeweils zwei Lagen. Ganz oben kommen noch kleinere Zwiebeln zum Zug, wie z. B. Krokusse und Schneeglöckchen. Mit Erde abdecken – fertig. Allerdings aufpassen: In sehr frostigen Gegenden die Töpfe in der Garage aufstellen, ab und zu gießen und im zeitigen Frühjahr ins Freie bringen. Im Frühjahr erfreut Sie so ein Topf bis zu 100 Tage lang. Und viele der Blumenzwiebeln kann man nach dem Einziehen in Beete setzen, dort blühen sie dann viele Jahre.

Ungefüllte Rosenblüten tragen pollenreiche Blüten und später Hagebutten.

Stars in jedem Garten – Rosen

Für Freundinnen und Freunde des Gartelns gibt es ab dem Monat Juni kaum ein anderes Thema: Die Zeit der Rosenblüte hat begonnen! Die „Königin der Blumen" bringt Romantik, Duft und Schönheit in unsere Gärten – manchmal aber doch auch ein wenig Kopfzerbrechen.
Die Gartenrose hat in den letzten Jahrzehnten eine Veränderung durchlebt. Während früher allein die Blütengröße das Maß aller Dinge war, legen wir heute Wert auf duftende Blüten, mehrmals blühende und gesunde, pflegeleichte Sorten. Auch die Schönheit und der Wert einfacher, ungefüllt blühender Sorten mit Wildrosencharakter wird immer mehr geschätzt.

Die Einteilung der Rosen

Man unterteilt die große Gruppe der Rosen nach Wuchsformen in:
Edelrosen (Teehybriden): wenig verzweigt; große, gefüllte Einzelblüten an einem langen Stiel, Solitärrosen
Beetrosen (Polyantha- oder Floribundarosen): dicht verzweigte, mit zahlreichen, in Büscheln zusammengefassten Einzelblüten, für Gruppenpflanzungen
Strauchrosen: für Gruppenpflanzungen und ungeschnittene Hecken
Kletter- und Ramblerrosen: brauchen ein Klettergerüst
Zwergrosen: kleinbleibend, auch für die Kultur im Topf
Bodendeckerrosen: kriechender Wuchs, für Flächenbepflanzungen
Wildrosen: mit ungefüllten Blüten und Wildcharakter; für naturnahe Pflanzungen und Wildhecken

Rosen und Katzenminze passen gut zusammen.

Blütenpracht wie aus dem Märchen: Kletterrosen machen es möglich.

Die Englische Rose 'Graham Thomas' ist eine mehrfach blühende Strauchrose mit dottergelben, gefüllten Blüten.

Wie unterscheiden sich Historische von Englischen Rosen?

Als Historische Rosen werden Arten und Sorten bezeichnet, die bereits vor 1867 im Handel waren. Sie haben zum Großteil gefüllte Blüten, duften intensiv und sind meist einmal blühend.

Die Englischen Rosen des Rosenzüchters David Austin sind dagegen neue Züchtungen, die die wertvollen Eigenschaften der Historischen Rosen wie Duft, Blütenform, Robustheit und Farbe mit jenen der modernen Rosen vereinen (z. B. mehrmalige Blüte). Hier wurden Historische Rosen mit modernen Rosen gekreuzt.

TIPP

Heimische Wildrosenarten für den Hausgarten

- Essigrose *(Rosa gallica)*
- Filzrose *(Rosa tomentosa)* für kalkhältige Böden
- Apfelrose *(Rosa rugosa)*
- Alpenrose *(Rosa pendulina)* für kalkarme Böden

Schlichte Schönheit – Wildrosen bestechen mit ihren einfachen, aber bezaubernden Blüten.

Schlichte Schönheiten: Wildrosen

Wildrosen, die ursprüngliche Form der Rosen, sind robust und benötigen wenig Pflege – ein sonniger Platz im Garten genügt. Ihre ungefüllten, pollenreichen Blüten stellen eine Nahrungsquelle für Insekten dar und über die späteren Hagebutten freuen sich zahlreiche Tierarten. Wildrosen brauchen genügend Platz, um ihre volle Wirkung entfalten zu können. In kleinen Gärten sollte man bei der Auswahl unbedingt die Wuchsstärke beachten.

Die Schönheit der Wildrosen lässt sich auch für den Hausgarten entdecken.

Standort und Pflege

Rosen benötigen lehmig-humose, gelockerte, nährstoffreiche Böden. Stauende Nässe wird nicht vertragen. Schwere Böden müssen vor der Pflanzung deshalb mit Sand, humoser Erde und Kompost verbessert werden.
Den besten Schutz vor Krankheiten erreichen Sie mit einem luftigen Platz. So trocknen die Blätter der Rosen nach einem Regenguss schnell ab und Pilze haben's schwerer. Sehr heiße Standorte ohne Luftbewegung begünstigen den Befall mit Spinnmilben und Mehltau. Rosen sind tief wurzelnde Pflanzen und werden daher selten, aber dann durchdringend gegossen. Gießen Sie zu den

Kletterrosen verzaubern Fenster und Fassaden.

Ein gutes Paar: Rosen und Clematis harmonisch vereint.

Kein Garten ohne Rosen!

Wurzeln und vermeiden Sie das Überbrausen der Blätter, um Pilzkrankheiten nicht zu fördern. Eine Behandlung mit Ackerschachtelhalmbrühe stärkt die Widerstandskraft der Pflanzen.
Rosen sind Starkzehrer, besonders die öfter blühenden Arten brauchen reichlich Nährstoffe. Kompost und organische Handelsdünger, etwa Hornspäne oder Knochenmehl, versorgen die Pflanzen optimal. Sie wirken gleichzeitig bodenverbessernd und aktivieren das Bodenleben. Allerdings versorgen sich gut eingewachsene Kletter-, und Strauchrosen beinahe von selbst. Ihre

Strauchrosen sind pflegeleicht, sie benötigen lediglich Auslichtungsschnitte.

So werden Rosen Schritt für Schritt richtig gepflanzt: Zuerst gut wässern, dann Wurzeln und Triebe zurückschneiden, eine ausreichend große Pflanzgrube ausheben, die Veredelungsstelle unter die Erde setzen, mit Erde auffüllen, eingießen und zuletzt anhäufeln.

Pfahlwurzeln reichen bis in große Tiefe. Nur die Wildrosen brauchen wenig Nährstoffe und kommen auf kargen Böden gut zurecht. Hier genügt das Mulchen mit Gras und Laub.

TIPP

Wurzelnackte Rosen

Wer Rosen setzen möchte, ist nicht unbedingt auf Ware im Container angewiesen. Vom Züchter sind Rosen auch als wurzelnackte Ware, d. h. ohne Erdballen, erhältlich. Die Rose ist ein Tiefwurzler und daher ist die Anzucht im beengten Container nicht optimal. Wurzelnackte Pflanzen sind wuchskräftiger und auch billiger. Kann sich das Wurzelsystem frei und kräftig entfalten, dann wird auch die Pflanzung besser vertragen.

Wurzelnackte Rosen werden vor dem Pflanzen geschnitten.

PRAKTISCH GARTELN

Tipps zur Rosenpflanzung

- Die beste Pflanzzeit für Rosen ist der Herbst. In kahlfrostgefährdeten Gebieten pflanzt man wurzelnackte Rosen besser im Frühling.
- Vor dem Pflanzen wurzelnackte Rosen einige Stunden wässern, Containerpflanzen so lange in einen mit Wasser gefüllten Kübel tauchen, bis keine Luftblasen mehr aufsteigen.
- Beim Pflanzen muss die Veredelungsstelle der Rose etwa 5 cm unter dem Bodenniveau zu liegen kommen, damit sie frostgeschützt ist.
- Nach dem Pflanzen kräftig bewässern und – besonders bei Herbstpflanzung – anhäufeln, um den Austrieb zu schützen.

Winterschutz

Zum Schutz vor Frost werden Rosen im Herbst angehäufelt – am besten mit Kompost, der dann im Frühjahr um die Rosenstöcke herum verteilt wird. Zwei Wochen später deckt man sie noch mit Reisig ab – als Sonnenschutz! Denn die grünen Triebe der Rosen werden in der warmen Wintersonne zu Wachstum angeregt, bekommen aber von den Wurzeln kein Wasser aus dem gefrorenen Boden und vertrocknen. Das Reisig verhindert diese Schäden. Beetrosen sind übrigens gefährdeter als Kletterrosen. Bei Letzteren reichen die Wurzeln in tiefere Schichten, wo der Boden nicht friert. Rosenstämmchen bedürfen einer besonderen Behandlung: Den Stamm unter Zug zu Boden biegen, mit Haken befestigen, mit Kompost anhäufeln und mit Zweigen vor der Sonne schützen.

Wenn es Probleme gibt

Leichter Befall mit Pilzkrankheiten lässt sich einfach durch das Abzwicken der betroffenen Blätter lösen – das reicht auch, wenn die Blätter durch die Blattrollwespe eingerollt sind.
Baldrianextrakt im Gießwasser soll gegen Pilzbefall helfen und das Blühen anregen. Zur Pflanzenstärkung bietet sich die Schachtelhalmbrühe an:
Ein Kilo des frischen Krauts oder 200 g

Gelbe Rosen und blaue Katzenminze – eine tolle Kombination.

getrocknete Pflanzen aus der Apotheke in ca. 10 Liter Wasser geben und 24 Stunden stehen lassen. Dann aufkochen, auskühlen lassen und am besten im Verhältnis 1:5 mit Wasser verdünnt auf die Pflanzen spritzen.
Verregnete Sommer begünstigen das Auftreten von Pilzkrankheiten, vor allem von Sternrußtau und Rosenrost. Entfernen Sie befallenes Laub im Herbst möglichst vollständig und schneiden Sie die Rosen im kommenden Frühjahr stark zurück, damit sie wieder kräftig durchtreiben.

TIPP

Blattläuse in Schach halten

- Befallene Stellen mit Urgesteinsmehl stäuben
- Blattläuse mit den Fingern abstreifen oder mit starkem Wasserstrahl abspritzen
- Schmierseifenwasser auf die Blattlauskolonien sprühen
- Nützlinge fördern
- Auf gute Nährstoffversorgung achten

Rosen richtig schneiden

Der Hauptschnitt der Rosen erfolgt im Frühjahr nach dem Abhäufeln zur Zeit der Forsythienblüte. Dabei wird auf insgesamt fünf Triebe mit je drei bis vier Augen reduziert, und dabei immer auf ein außenstehendes Triebauge zurückgeschnitten.
Edel- und Beetrosen sollten in jedem Frühjahr geschnitten werden, um die Pflanzen zu verjüngen und die Wuchskraft zu erhalten.
Strauch-, Bodendecker- und Wildrosen benötigen nur von Zeit zu Zeit einen Auslichtungs- bzw. Verjüngungsschnitt. Damit sich Hagebutten ausbilden, lassen Sie die letzten Blüten am Strauch stehen.

Irrtümer zu Rosen

- **„Rosen werden im Herbst geschnitten."**

Rosen werden immer im Frühjahr geschnitten! Im Herbst werden nur die ganz langen Triebe der Beetrosen eingekürzt, Kletterrosen und Strauchrosen werden nach Bedarf gestutzt und ausgelichtet.

- **„Rosen müssen im Sommer täglich gegossen werden."**

Gut eingewurzelte Rosen haben tief reichende Pfahlwurzeln und müssen nur bei langen Trockenperioden gegossen werden. Häufiges Gießen der Rosen ist sogar problematisch, weil so Pilzkrankheiten begünstigt werden.

- **„Rosen und Lavendel passen perfekt zusammen."**

Eigentlich passen Rosen und Lavendel von den Bodenansprüchen her nicht zusammen. Rosen mögen humosen, tiefgründigen, lehmigen Boden, Lavendel dagegen durchlässigen, leicht sandigen Boden. Geben Sie beim Pflanzen des Lavendels deshalb Splitt mit ins Pflanzloch dazu, das sorgt für Wasserabzug und kräftiges Wachstum.

Rosen und Lavendel harmonieren nur gut, wenn man die jeweiligen Bodenansprüche erfüllt.

Sommerstimmung – Balkonblumen und trendige Kübelpflanzen

Pünktlich mit den ersten warmen Frühlingstagen beginnt es Balkongärtner in den Fingern zu kribbeln. Bis Mitte Mai darf geplant und gustiert werden, danach geben die Eisheiligen den Startschuss zum Auspflanzen. Sind sie vorbeigezogen, besteht keine große Frostgefahr mehr für zarte Balkonblumen und wärmeliebende Kübelpflanzen. Jetzt endlich geht es wieder los!

Unkomplizierte und verlässliche Blüher – Pelargonien sind die Klassiker unter den Balkonblumen.

Start in den Sommer mit bepflanzten Töpfen, Kisterln und anderen Gefäßen.

Die Pflanzenwahl

Die Auswahl an Balkonblumen ist riesig. Pelargonien – oft Geranien genannt –, Petunien und auch die vielen neuen Arten benötigen fast immer einen vollsonnigen Standort. Mit etwas Fantasie lassen sich neue Pflanzideen umsetzen. Balkonwände z. B. können auch von einjährigen Schlingern, etwa Prunkwinde oder Kapuzinerkresse, berankt werden. In großen Pflanzgefäßen gedeihen sogar Blütengehölze wie Clematis, Geißblatt oder Schlingrose, wenn man für eine ausreichende Düngung sorgt.
Obwohl der Platz meist knapp ist, lässt sich auch das eine oder andere Gemüse und Obst auf dem Balkon ernten. Rankende Pflanzen wie Gurken

Die Prunkwinde *(Ipomea purpurea)* wächst im großen Topf auf dem Balkon schnell und attraktiv in die Höhe.

brauchen weniger Platz, ebenso die Hängeerdbeeren, die sich in Ampeln kultivieren lassen. Ganz dem Trend entsprechend, werden auch spezielle, niedrig wachsende Gemüsesorten von Paprika, Chili, Tomaten und Gurken angeboten, die sich direkt von der Pflanze naschen lassen. „Last but not least" können Sie natürlich auch Küchenkräuter unter Blumen und Gemüse mischen und so den kulinarischen Balkon ergänzen.
Die alte Regel, dass Balkonpflanzen erst nach den Eisheiligen ins Freie dürfen, gilt nach wie vor. Es lohnt sich zu warten, denn Pflanzen, die einen Kälteschock erleiden, brauchen später Wochen, um die Wachstumsunterbrechung wieder aufzuholen.

TIPP

Pelargonienstecklinge

Pelargonien und Duftpelargonien lassen sich ganz einfach durch das Schneiden von Kopfstecklingen vermehren. Schneiden Sie direkt unterhalb einer Blattachsel, entfernen Sie die untersten Blätter und kürzen Sie die oberen ein. Werden die Stecklinge dann in durchlässige Erde gesteckt und feucht gehalten, treiben sie nach zwei bis drei Wochen Wurzeln. Noch besser wurzeln die Stecklinge an, wenn sie kurz in Wasser getaucht werden, in dem zuvor über 24 Stunden ein paar Stücke Weidenrinde lagen. Die natürlichen Pflanzenhormone, die sich darin gelöst haben, fördern die Wurzelbildung.

An vollsonnigen Standorten verströmen Duftpelargonien einen intensiven Duft.

In der Sonne ist´s nicht schwer ...

Aber auch für den Halbschatten stehen Balkonblumen zur Verfügung, Fuchsien etwa lieben einen solchen Standort.
Es gibt Tausende Sorten dieser Pflanze, bei denen man auf folgende Pflegetipps achten sollte: ausreichend gießen, nicht austrocknen lassen und ca. einmal pro Woche mit einem organischen Flüssigdünger versorgen. Die Früchte entfernen Sie besser, dann bleibt die Blüte üppig.

Die Farbenvielfalt der Fuchsien hellt halbschattige Standorte auf.

TIPP

Balkonblumen für den Halbschatten

- Fuchsien *(Fuchsia)*
- Fleißige Lieschen *(Impatiens walleriana)*
- Männertreu *(Lobelia erinus)*
- Vanilleblume *(Heliotropium arborescens)*
- Schneeflockenblume *(Sutera cordata)*

Mit dem richtigen Substrat wachsen Balkonblumen auch gut in Gefäßen.

Nutzen Sie auch die Höhe, wenn der Platz am Balkon zu klein wird – Hanging Baskets werden von oben und seitlich bepflanzt.

Hoch oben im Wind

Wer einen wind- und regenexponierten Balkon besitzt, verwendet am besten Pflanzenarten mit kleinen, festen Laubblättern und kleinen, einfachen Blüten, etwa Sanvitalien oder kleinblütige Verbenen. Ungeeignet sind empfindliche Pflanzen mit langen Trieben, großen weichen Blättern und großen gefüllten Blüten, die durch Wind und Regen binnen kurzer Zeit zerzausen würden.

Das richtige Substrat

Egal welche Pflanzen Sie verwenden, denken Sie an die richtige Erde: Entweder Sie mischen selbst oder Sie verwenden Fertigerde. Halten Sie für Ihre Kisterln bis in den Mai hinein noch Vlies zum Abdecken bereit, damit sie kurzfristig vor leichten Frösten geschützt werden können.
Die perfekte Pflanzerde für Ihre Blumenkisterln besteht aus torffreier

Kombinieren Sie bei der Bepflanzung überhängende und aufrecht wachsende Arten.

Packungserde, Kompost und Sand zu gleichen Teilen. Als Langzeitdünger eignen sich Hornspäne hervorragend – sie dienen in erster Linie als Futter für das Bodenleben, das wiederum die Nährstoffe für die Pflanzen verfügbar macht. Wenn Sie Blumenkisterln mit Wasserspeicher verwenden, dann achten Sie darauf, dass Sie den Wasserspeicher erst dann auffüllen, wenn die Pflanzen gut angewachsen sind.

Rechtzeitig düngen!

Balkonblumen und Kübelpflanzen benötigen den Sommer hindurch regelmäßig organischen Dünger. Achten Sie dabei genau auf die Gebrauchsanweisung. Im Garten kann man mit Brennnesseljauche nachhelfen.

Speziell Surfinien bekommen mitten im Sommer oftmals Mehltau. Grund dafür ist meistens ein Düngermangel in der zweiten Hälfte der Wachstumsperiode. Daher sollte man die Pflanzen rechtzeitig mit organischem Dünger – es gibt ihn auch als Flüssigdünger – versorgen.

Wasser nicht vergessen

Wegen starker Sonneneinstrahlung und hohen Temperaturen, die schnell zum Austrocknen der Erde führen, ist auf sonnigen Balkonen eine gleichmäßige Wasserversorgung besonders wichtig. Gießen Sie in den kühlen Morgen- und Abendstunden lieber weniger oft, dafür intensiver. Vermeiden Sie es, die Blätter dabei zu überbrausen, das kann Krankheiten fördern!

Wer in der heißen Zeit nicht zweimal täglich gießen will, ist mit der Anschaffung von wasserspeichernden Balkonkistchen gut beraten. Das Wasserreservoir garantiert eine gleichmäßige Bewässerung nach Pflanzenbedarf, auch über mehrere Tage. Den Sommerurlaub überstehen die Pflanzen zwar nicht ohne zwischenzeitliches Gießen, aber auch hier kann mit Langzeitbewässerungssystemen Abhilfe einfach geschafft werden.

Kübelpflanzen sorgen für Urlaubsflair

Der Traum vom Süden wird von vielen geträumt: Zitrusarten, Bougainvillea, Oleander und Olive gehören heute zum Standardschmuck auf der Terrasse. Mediterran wird es aber auch mit so manchen heimischen Pflanzen – nach dem Motto: täuschen und tarnen. Denken Sie z. B. an den Sanddorn – für viele dem Olivenbaum zum Verwechseln ähnlich, ebenso die Ölweide – sie duftet im Frühjahr auch fantastisch und verbreitet mit ihren silbrigen Blättern ebenfalls ein südliches Flair. Oder die Weidenblättrige Birne – absolut winterfest und vom Aussehen ein „echter" Südländer.
In großen Töpfen sind diese Pflanzen ein herrliches Gestaltungselement für Balkone und Terrassen, wenn da nicht das Problem mit dem Gewicht wäre. Wenn Sie größere Töpfe bepflanzen wollen, kann Styropor am Boden des Topfes helfen – dann sind die Töpfe leichter, Staunässe wird vermieden, die Wurzeln faulen nicht, und Sie haben es

Die Bougainvillea blüht und Erinnerungen an den Urlaub am Mittelmeer werden wach.

einfacher. Und auch beim täglichen Gießen vergeht so manchem die Lust. Helfen Sie sich, indem Sie auch die Tröge und Kübel mulchen. Das hält das Wasser länger in der Erde und Sie müssen nur noch halb so oft gießen. Zitrus und Olive gehören übrigens mit Regenwasser gegossen, Oleander mit Leitungswasser – er mag den Kalk und die Salze im Wasser.

TIPP

Oleander umtopfen

Wenn Sie größere Oleanderpflanzen umtopfen wollen, dann reißen Sie den Wurzelballen auf und schneiden Sie verfilzte oder abgestorbene Bereiche mit der Gartenschere weg. Sollte der Ballen sehr dicht sein, können Sie auch – mithilfe einer Bogensäge – am Grund des Wurzelballens eine Scheibe abschneiden. Dann die Wurzeln mit der Gartenschere seitlich aufreißen und in einen größeren Topf setzen. Die Erde dafür besteht aus Kompost, torffreier Packungserde, Ziegelsplitt, Sand und Hornspänen als Langzeitdünger. Lassen Sie einen Gießrand und gießen Sie kräftig an.

Bei stark verfilztem Wurzelballen mit der Säge eine Scheibe wegschneiden.

Engelstrompeten sind sehr frostempfindlich und müssen früh genug ins Winterquartier übersiedeln.

Ins Winterquartier ...

Die empfindlichsten Kübelpflanzen, wie Fuchsien oder die Engelstrompeten, räumt man lieber früher als zu spät ins Winterquartier. Sie vertragen keine einzige Frostnacht und sollten ab Anfang Oktober sicher stehen. Anders ist es bei den hartlaubigen Kübelpflanzen, wie z. B. Oleander, Hanfpalme oder Lorbeer, – sie überleben bis ca. - 2 °C und können daher noch im Freien bleiben. Im November ist es dann endgültig soweit: Spätestens jetzt sollten alle Kübelpflanzen ins Winterquartier wandern.

PRAKTISCH GARTELN

Kübelpflanzen richtig überwintern

- Kübelpflanzen ab August nicht mehr düngen und nicht mehr zurückschneiden, damit die Triebe gut ausreifen.
- Blattunterseiten der Pflanzen vor dem Einräumen ins Winterquartier genau auf Schädlingsbefall überprüfen, damit das Einschleppen von Plagegeistern vermieden wird.
- Ein leichter Rückschnitt vor dem Einräumen (max. 1/3 der Trieblängen) ist möglich. Der eigentliche Rückschnitt erfolgt erst im Frühjahr.
- Die Pflanzen im Winterquartier lieber weniger als zu viel gießen. Überschüssiges Wasser muss ablaufen können, denn stauende Nässe im Topf ist für die Pflanzen fatal. Töpfe dazu auf „Tonfüße" oder Holzleisten stellen.
- Das Winterquartier an frostfreien Tagen lüften.
- Faustregel für den Standort: Je heller, desto mehr kann auch gegossen werden. An dunklen Plätzen die Pflanzen möglichst trocken halten.

Kübelpflanzen sind nach dem Winter noch etwas sonnenempfindlich, daher im Halbschatten ans Freie gewöhnen.

... und wieder zurück

Robuste, hartlaubige Kübelpflanzen können ab Ende April schon ins Freie gebracht werden. In raueren Gegenden sollte man sich aber ein Vlies als Wetterschutz vorbereiten. Und aufpassen: Alle wintergrünen Kübelpflanzen sind genauso sonnenempfindlich wie wir – daher unbedingt die Pflanzen zunächst zwei Wochen an die Nordseite des Hauses in den Schatten stellen.

Nach der Winterpause werden zu klein gewordene Töpfe gewechselt. Dabei aber keine zu großen Töpfe verwenden! Erde immer mit etwas Sand oder Tongranulat vermischen, damit es zu keiner Bodenverdichtung

TIPP

Will Ihr Orangenbäumchen nach dem Winter nicht so richtig wachsen und hat es kaum Blätter und fast nur Blüten? Da ist meist ein Gießfehler schuld: Vor allem dann, wenn Zitrusgewächse zu viel gegossen wurden. Die Wurzeln faulen, die Blätter fallen. Daher im Frühjahr umpflanzen und auch zurückschneiden. Dann wird das Bäumchen schon bald wieder frische Triebe bilden.

Blätter

Es gibt Pflanzen, die beeindrucken jeden, – selbst einen „Nicht-Gartenfreund“: Ein 200 Jahre alter Lindenbaum, der freistehend in einem Park oder an einer Wegkreuzung am Land steht und sich im Jahresverlauf verändert, zieht die Blicke an. „Was hat der schon alles gesehen? Was hat der schon alles erlebt?“

Bäume überdauern Jahrhunderte, auch in unserem Garten. Wie schwer ist es, sich von einem Hausbaum zu trennen, weil er vor Jahrzehnten zu nahe am Haus gepflanzt wurde. Daher bringt das Pflanzen der Gehölze oft auch eine Arbeit für die kommenden Generationen.

Allerdings sind gerade die Bäume und Sträucher jene Bestandteile des Gartens, die den Tieren besonders viel Schutz, Nahrung und damit Lebensraum geben. Bei mir im Garten – direkt neben einem Fichtenwald gelegen – waren zu Beginn keine Vögel zu Gast. Nach dem Pflanzen einer Wildsträucherhecke kam aber plötzlich „Leben“ in den Garten. Heute, nach nicht einmal zwei Jahrzehnten, ist ein Paradies für Menschen und Tiere entstanden. Mehr als ein Dutzend Vogelarten tummeln sich in der Hecke, ein Stockwerk darunter lebt der Igel im Laub und Hunderte nützliche Insekten finden hier Unterschlupf. Pflanzen, Tiere und Menschen bilden in diesem Garten eine Einheit – geschützt von mittlerweile stattlichen Bäumen.

Mit Bäumen & Sträuchern gestalten

Ein Garten ohne Bäume und Sträucher – unvorstellbar. Sie sind es, die eine räumliche Wirkung schaffen, sie bringen die gestalterische Höhe in den Garten, sozusagen die dritte Dimension. Mit ihren vielfältigen Wuchsformen – vom großen Solitärbaum, über den Blütenstrauch in der Hecke, bis hin zum bodendeckenden Gehölz bilden sie das „Grundgerüst", das dann mit dem niedrig wachsenden „Pflanzenvolk", den Sommerblumen, Stauden und Zwiebelpflanzen, aufgefüllt wird.

Standort und die Verwendung der Gehölze sollten bei der Neugestaltung eines Gartens als erstes festgelegt werden. Die Pflanzung eines Baumes oder Strauches hat etwas Langfristiges an sich, und so manches Exemplar wächst uns rasch über den Kopf. Also, sorgfältig entscheiden, welcher Platz zur Verfügung steht und wie groß die Pflanze einmal werden darf, ohne Probleme zu bereiten. Die Jahre vergehen schnell und das einst zierliche Bäumchen hält bald die Sonne ab, taucht Garten und Haus in tiefen Schatten und macht dann keine rechte Freude mehr.

Bäume und Sträucher wirken raumbildend oder sind die ruhige Kulisse für bunte Blumenbeete.

Der Judasbaum eignet sich mit seiner lockeren, hellen Krone auch für kleinere Gärten.

TIPP

Kleinkronig wachsende Bäume

- Fächerahorn *(Acer palmatum)*: zierliche Wuchsform und prächtige Herbstfärbung
- Judasbaum *(Cercis siliquastrum)*: lockere, helle Krone und lila Blüten
- Zieräpfel- oder Speiseäpfel auf schwachwüchsigen Unterlagen (*Malus* sp.): weiße, rosa oder rote Blüten,attraktiver Fruchtschmuck
- Blasenbaum *(Koelreuteria paniculata)*: gelbe Blütenrispen, lampionförmige Früchte

Kein Garten kommt ohne Bäume und Sträucher aus – von den Blättern, über Blüten und Früchte, bis hin zu den Rindenfarben bringen sie Leben in den Garten.

Wildsträucher mit vielen guten Facetten

Im naturnahen Garten dürfen natürlich die „Wilden" unter den Gehölzen nicht fehlen:
Dirndlstrauch, Felsenbirne, Haselnuss, Mispel, Schlehe und Wildrose tragen nicht nur Blüten und Früchte als Schmuck, sondern bieten nützlichen Vögeln und Insekten Nahrung, Nistmöglichkeiten und Lebensraum – und Naturgärtner freuen sich über jede biologische Hilfe im Kampf gegen Schädlinge.

TIPP

Neues vom Schwarzen Holunder

Auch der Schwarze Holunder *(Sambucus nigra)* ist ein Beispiel für einen attraktiven und gleichzeitig nützlichen Wildstrauch und als pflegeleichte, attraktive Zierpflanze groß im Kommen. Die Sorte 'Black Beauty' punktet mit tiefrotem Laub und rosa Blüten, die ebenfalls rotlaubige Sorte 'Black Lace' mit ihren geschlitzten Blättern, die den Blättern des Japanischen Ahorns das Wasser reichen können. Wer panaschiertes Blattwerk sucht, wird bei der Sorte 'Madonna' fündig. Auch vom Traubenholunder *(Sambucus racemosa)* sind Zierformen erhältlich. Die Sorte 'Southerlands Gold', hat mit ihren leuchtend gelben Blättern das Zeug dazu, ein echter Blickpunkt im Garten zu werden.

Natur pur – Sträucher und Bäume bilden die Kulisse im Garten.

Was macht den Garten auch im Winter schön?

Jeder Gartenbesitzer wünscht sich auch in der kalten Jahreszeit Blickpunkte im Garten – die Folge sollte aber keine Ansammlung von Koniferen sein, sondern punktuell eingesetzte, immergrüne Pflanzen, die auch den Winter über ihr Blätter- oder Nadelkleid tragen.
Während Koniferen immer unverändert dastehen, bieten sich unter den Laubgehölzen einige an, die mit den Jahreszeiten ihr Aussehen ändern, Blüten und Früchte tragen und auch im Winter durchaus attraktiv sind.

Nicht immer liegt im Winter Schnee, der auch selbst kahle Äste verzaubert.

TIPP

Auch ohne Blätter bezaubernd

Die Zweige des Weißen Hartriegels, besonders die der Sorte 'Sibirica', sind im Winter korallenrot. Der Weißbunte Gelbholz-Hartriegel (*Cornus stolonifera* 'White Gold') hat im Winter auffallend hellgrüne Triebe. Aber auch zahlreiche Ahorne bringen mit interessanter Rinde und bunten Trieben Farbe in den winterlichen Garten, etwa der Schlangenhaut-Ahorn *(Acer grosseri)* oder der Zimt-Ahorn *(Acer griseum)*.

Die roten Zweige des Weißen Hartriegels *(Cornus alba)* sind ein Highlight im winterlichen Garten.

Ein naturnaher Garten gibt Tieren Lebensraum – viele davon sind nützliche Schädlingsvertilger!

Immergrüne brauchen auch im Winter Aufmerksamkeit

Immergrüne Pflanzen wie Buchs, Efeu oder Stechpalme sind zwar winterhart, gefährlich ist für sie jedoch die Sonne. Sie verursacht Sonnenbrand und eine zu starke Verdunstung. Weil der Boden aber gefroren ist, können die Wurzeln das Wasser nicht nachliefern und die Pflanzen vertrocknen. Reisigzweige sind ein guter Schutz gegen diese Austrocknung. Sie halten die Wintersonne ab und sind dabei auch dekorativ. Natürlich können Sie auch Strohmatten, Vlies oder Jute zur Abdeckung verwenden. Denken Sie daran, dass die Pflanzen auch im Winter an frostfreien Tagen gegossen werden müssen!
Bevor der große Schnee kommt, sollten immergrüne Gehölze zusätzlich vor Schneebruch geschützt werden. Bei kleinen Sträuchern genügt dafür eine Schnur – die Äste werden einfach zusammengebunden. Bei größeren Exemplaren sollten zusätzlich noch Holzlatten rund um die Sträucher gestellt werden, sie bieten noch mehr Schutz und Stabilität.

PRAKTISCH GARTELN

So bleibt der Buchs in Form

Es gibt eine alte Gärtnerregel, die sagt: Alle Immergrünen Gehölze werden zwischen A und A geschnitten – zwischen April und August. An einem bedeckten Tag kann man Buchskugeln wieder in Form bringen. Die Sonne sollte deshalb nicht scheinen, weil die freigeschnittenen Blätter sehr empfindlich sind und möglicherweise von den kräftigen Sonnenstrahlen verbrannt werden. Gleich noch ein Tipp zum Buchs: Gerade im letzten Jahr hat sich eine Pilzkrankheit stark verbreitet, die den Buchs regelrecht dahinrafft. Einzig wirksames Mittel dagegen ist Vorbeugen: Kein Rindenmulch zum Buchs, damit die Erde abtrocknen kann, und zu dichte Bepflanzungen vermeiden. Zeigen sich Blätter mit orange-braunen Flecken, dann die Pflanze zunächst ausschneiden. Hilft das nicht mehr, ist es besser, sie zu beseitigen.

Buchs sollte nur an bedeckten Tagen geschnitten werden.

Gehölze schaffen den Rahmen für Gestaltungsdetails.

Gehölze pflanzen

Bäume und Sträucher werden heute fast ausschließlich im Containertopf angeboten. Nur sehr große, bereits ältere Pflanzen kauft man mit Erdballen im Netz. Obwohl man Gehölze in Containertöpfen theoretisch das ganze Jahr über pflanzen kann, ist der Herbst die ideale Zeit dafür – das gilt auch für alle immergrünen Pflanzen. Der Boden ist dann noch so warm, dass die Pflanzen vor dem Winter einwurzeln und im Frühjahr einen Startvorteil haben und sich rascher entwickeln. Vor dem Pflanzen wird der Wurzelballen so lange in Wasser getaucht, bis keine Luftblasen mehr aufsteigen. Das Pflanzloch genügend groß ausheben (ca. 2 x so groß und 2 x so tief wie der Container bzw. der Ballen) und den Grund der Pflanzgrube mit dem Spaten lockern. Das ausgehobene Erdreich mit frischer Pflanzerde vermischen. Bei sehr schweren Böden hilft eine eingebrachte Schicht aus Kies oder Blähton, den Wasserablauf zu verbessern und Staunässe zu verhindern. Frisch gepflanzte Gehölze mit Hochstamm erhalten eine Windschutzverankerung. Dabei wird der Pfahl an der dem Wind zugewandten Seite eingeschlagen. Knapp unterhalb der Krone den Stamm mit einem Kokosstrick oder speziellen Baumbindern fixieren.

Die Kombination von Blattformen und Blattfarben sorgt für bunte Gartenbilder – auch ohne Blüten.

Der Herbst ist die beste Pflanzzeit für Gehölze.

TIPP

Pflanzen für ungeschnittene Blütenhecken

- Blumen-Hartriegel *(Cornus florida)*
- Dirndlstrauch *(Cornus mas)*
- Duft-Schneeball *(Viburnum carlcephalum)*
- Edelflieder *(Syringa*-Hybriden*)*
- Garten-Goldregen *(Laburnum x watereri)*
- Maiblumenstrauch *(Deutzia)*
- Pfaffenkäppchen *(Euonymus europaea)*
- Pfeifenstrauch *(Philadelphus)*
- Sommerflieder *(Buddleja Davidii*-Hybriden*)*
- Weiglie *(Weigelia)*
- Weißdorn-Arten *(Crataegus spp.)*

Der Blumen-Hartriegel bevorzugt windgeschützte Plätze und trägt im Mai/Juni herrliche Blüten.

Vielseitige Hecken nutzen

Hecken sind wichtige Gestaltungselemente in unseren Gärten – als grüner Zaun, als Lärm- und Sichtschutz und als raumbildende Pflanzung im Garten. Wenn für die Abgrenzung mehr Platz zur Verfügung steht, bietet sich eine freiwachsende Hecke aus Blütensträuchern an. Durch die richtig abgestimmte Sortenwahl können Sie sich hier fast das ganze Jahr über an Blüten erfreuen. Eine Vielzahl an Blütensträuchern steht zur Verfügung – sie können je nach Vorlieben und individuellem Geschmack wählen.

Geschnittene Hecken sind nicht nur Sichtschutz, sondern auch ein wunderbares Element, um den Garten zu gliedern und Räume zu bilden.

PRAKTISCH GARTELN

Der Heckenschnitt

Formhecken, die vor allem Sichtschutz und Abgrenzung sind, brauchen regelmäßigen Schnitt, damit sie schön dicht bleiben. Nach Abschluss des Frühjahrstriebes, meist Mitte Juni, steht der erste Schnitt am Arbeitsplan, Mitte August der zweite. Warten Sie – falls die Hecke „bewohnt" ist – mit dem Schneiden, bis alle Vögel flügge sind. Bei schwach wachsenden Gehölzarten kann man eventuell auf den zweiten Schnittdurchgang verzichten.
Die Hecke wird trapezförmig, also oben schmaler als unten, geschnitten, damit auch zu den unteren Astpartien genügend Licht dringt. Gerade geschnittene Hecken neigen aus diesem Grund zum Verkahlen im unteren Bereich.

Die Hecke wird nach unten hin breiter geschnitten, damit auch zu diesen Bereichen genügend Licht gelangt. Man beugt so dem Verkahlen von unten vor.

Geschnittene Hecken

Wenn der Platz begrenzt ist, braucht man geschnittene Hecken. Soll die Hecke als Sichtschutz dienen, wird leider immer noch nur eine Pflanzenart im Übermaß verwendet: Thujenhecken scheinen landauf landab das meistgepflanzte Heckengehölz zu sein. Dabei überwiegen sogar die Nachteile: An trockenen Standorten sind Thujen krankheitsanfällig und werden oft nur durch den Einsatz von Pflanzenschutzmitteln am Leben erhalten. Zudem ist eine Thujenhecke eine langweilige Sache, die Tag für Tag den gleichen Anblick bietet: kein zarter Frühjahrsaustrieb, kein Blütenschmuck und ebenso wenig eine Herbstfärbung oder zierende Früchte – Vielfalt ade! Selbst die tierischen Gartenbewohner haben keine rechte Freude an ihr, weil sie in einer Thujenhecke kaum Nist- und Schutzmöglichkeiten und Nahrung finden. Wer im Winter – wenn der Garten ohnehin wenig benutzt wird – auf blickdichten Sichtschutz nicht verzichten kann, trifft mit immergrünen Arten unter den Laubgehölzen, etwa Berberitze und Liguster, die bessere, abwechslungsreichere Wahl.

Nützliche Hecken

Im naturnahen Garten sollen Hecken nicht nur den ästhetischen Wert schöner Blüten und ansprechender Herbstfärbung, sondern auch einen Nutzen haben. Sei es durch das Tragen von verwertbaren Früchten, oder als Lebensraum für Tiere und Insekten.

Eine Hecke aus Wildgehölzen bietet Vögeln Lebensraum und Nahrung.

TIPP

Eine Fruchthecke für Vögel

- Apfelrose *(Rosa rugosa)*
- Dirndlstrauch *(Cornus mas)*
- Eberesche *(Sorbus aucuparia)*
- Gewöhnlicher Schneeball *(Viburnum opulus)*
- Liguster *(Ligustrum vulgare)*
- Mehlbeere *(Sorbus aria)*
- Schlehdorn *(Prunus spinosa)*
- Schwarzer Holunder *(Sambucus nigra)*
- Zieräpfel *(Malus*-Hybriden*)*

Den Blauregen im August und im Februar zurückschneiden, dann blüht er umso prächtiger.

Zierde und Nutzen – Kletterpflanzen

Neben Bäumen und Sträuchern sind Kletterpflanzen wesentlich an der räumlichen Gestaltung des Gartens beteiligt. Sie begrünen Wände und Zäune, Klettergerüste und Baumstämme. Dabei lassen sie sich als Sicht-, Wind- und Sonnenschutz einsetzen und dämpfen zudem den Lärm naher Straßen. Viele von ihnen tragen prächtige Blüten, manche auch Fruchtschmuck und verbinden damit Zier- und Nutzwert im besten Sinne.

Kreative Vielfalt

Alle Kletterpflanzen wachsen letztlich nach oben, aber was ist eigentlich der Unterschied zwischen ranken, winden und klettern? Da gibt es einmal die gänzlich selbstständigen Kletterer, die ohne jegliche Rankhilfe auskommen: Die Dreilappige Jungfernrebe zählt dazu, ebenso der Efeu, die Kletterhortensie und die Trompetenblume.
Schlingende Pflanzen, wie der Blauregen oder das Geißblatt, winden sich ohne spezielle Kletterorgane um Drähte und Pfosten.
Rankende Pflanzen hingegen, wie Echter Wein oder Waldrebe, umwickeln Drähte oder Stäbe bei Kontakt mit Spezialranken.
Zu den Spreizklimmern, die ihre langen Triebe in anderen Gehölzen ausbreiten, zählen Brombeeren, Kletterrosen oder der Winter-Jasmin. Hier muss nur einmal zu Beginn aufgebunden und eingeflochten werden.

Mauern begrünen – ja oder nein?

Begrünte Fassaden haben nicht nur optischen Reiz, sondern auch positive thermische und kleinklimatische Effekte. Sie gleichen Temperaturunterschiede aus, mildern die Sommerhitze in der Stadt, binden Staub und befeuchten die Luft.

Bei intaktem, trockenem Mauerwerk ist die Verwendung von Kletterpflanzen völlig problemlos. Ist die Wand dagegen brüchig und feucht, sollte sie zuerst saniert werden, denn selbstklimmende Pflanzen wie Efeu und Wilder Wein können mit ihren Wurzeln in die Ritzen eindringen und Schäden verursachen.

TIPP

Mühelose Kletterpflanzen

Zu den unproblematischen Kletterpflanzen, die gut in naturnahe Gärten passen, zählen die heimischen: Efeu *(Hedera helix)*, Hopfen *(Humulus lupulus)*, und Waldrebe *(Clematis vitalba)*.

Eine pflegeleichte Kletterpflanze für den naturnahen Garten: der Hopfen.

Vielfältige Clematis

Clematis beeindrucken durch prächtige Blüten in Hülle und Fülle. Zur Auswahl stehen zahlreiche großblumige Clematis-Hybriden, deren Blüten je nach Sorte einen Durchmesser von bis zu 15 cm erreichen können, sowie mitteleuropäische und ostasiatische Wildarten. Letztere haben zierlichere Blüten, sind dafür aber robuster.

Die Größen-, Formen- und Farbenvielfalt der Blüten ist erstaunlich: Es gibt Hybriden und Wildformen in Weiß, Rosa- und Rottönen und sogar hellblaue bis blauviolette Arten und zweifarbige Sorten. Die Blüten der Wildart *Clematis tangutica* leuchten in kräftigem Gelb. Besonders wichtig: Clematis brauchen einen Standort, der beschatteten, vor dem Austrocknen geschützten Boden bietet, während die oberirdischen Pflanzenteile die Sonne lieben. Pflanzen Sie Stauden oder kleine Sträucher zu diesem Zweck am besten gleichzeitig am Fuße der Clematis, da sie auf nachträgliches Bearbeiten des Wurzelbereiches oft empfindlich reagiert.

Pflanzen von Klettergehölzen

1 Rankgitter mind. 5 cm Mindestabstand
2 Triebe einflechten/ anbinden
3 Stab
4 Gut eingießen
5 Bodendecker (Beschattung)
6 Einfassung z. B. aus Klinker in Sand verlegt
7 Gartenboden
8 Erdballen
9 Drainage mit Kies (bei verdichteten, schweren Böden)
10 Pflanzgrube mit Erdgemisch (Gartenerde, Kompost)
11 Noppenfolie (Feuchtigkeitsschutz für Mauer)
12 Mulch (Rinde)
13 Vlies

PRAKTISCH GARTELN

Wie schneidet man Clematis?

Die große Gruppe der Clematisarten umfasst frühjahrs-, sommer- und herbstblühende Sorten, die ein unterschiedliches Vorgehen beim Schnitt brauchen:

- Wildclematis-Arten, wie *Clematis alpina* oder *C. montana* blühen im Frühjahr und werden gar nicht oder unmittelbar nach der Blüte geschnitten, damit sich neue Triebe für die nächstjährige Blüte ausbilden können.
- Im Mai und Juni blühende Clematis werden ebenso nach der Blüte geschnitten – sie blühen aber sowohl an den vorjährigen Trieben als auch am Neuaustrieb.
- Die ab Juli blühenden Sorten schneidet man jedes Jahr im Frühjahr auf einen ¾ Meter zurück, denn ihre Blüten erscheinen auf den diesjährigen Trieben.

Die Alpenwaldrebe *(Clematis alpina)* wird im Frühjahr gleich nach der Blüte zurückgeschnitten.

Gemüse

Eine sonnengereifte Tomate, pflückfrische Kräuter oder knackige Karotten mit dem unvergleichlichen Aroma, das nur selbst gezogenes Gemüse besitzt! Für mich sind Gemüsegärten die lukullischen Ecken eines Gartens und von Mai bis in den Oktober hinein meine „grüne" Vorratskammer. In dieser Zeit können wir mühelos Selbstversorger sein – was Vitamine und Ballaststoffe betrifft.

Doch wie geht man es am besten an, um einen richtigen Gemüsegarten anzulegen? So einen, wie man ihn aus Erzählungen der Eltern und Großeltern kennt. Ganz einfach: mit Geduld und Gelassenheit. Die Grundlagen wie Boden, Düngung, Mischkultur und Mulchen beachten und dann „drauflos garteln". Vielleicht auch ein wenig experimentieren. So manche zunächst schwierig scheinende „Kulturpflanze" entpuppt sich schnell als unkompliziertes Gemüse. Daher nicht wissenschaftlich, sondern mit viel Hausverstand und Liebe die Pflücksalatpflanzen setzen, und nach wenigen Wochen beginnt schon die Ernte. Noch heute kann ich mich an den ersten Salat aus dem eigenen Garten erinnern. Jedes Haubenlokal hätte sich damals geschlagen geben müssen – so viel Geschmack, so viel Würze, so viel Frische. Eben Gemüse aus dem eigenen Garten.

Bearbeitung & Gründüngung – Gemüse wächst in lebendigem Boden

Gerade im Gemüsegarten ist ein gesunder Boden mit „viel Leben" die Grundlage. Je besser Sie also Ihren Boden vorbereiten, desto besser gedeihen Ihre Gemüsepflanzen. Und nicht nur das: desto gesünder bleiben sie auch. Es zahlt sich aus, dem Thema Bodenfruchtbarkeit größte Aufmerksamkeit zu widmen.

Wer im Kreislauf der Natur arbeitet, erhält Bodenstruktur und Bodenlebewesen gesund.

Mangold als Augenschmaus – in guten Böden entwickeln sich gesunde, kräftige Blätter.

Umgraben – Nein danke!

Immer wieder hört man die Frage, ob im Herbst der Gemüsegarten umgegraben werden sollte. Wahlloses und zu jeder Zeit tiefes Verlagern der Bodenschichten schadet aber mehr als es nützt. Umgraben oder Umstechen sollte man nur schwere, tonhältige oder verdichtete Böden. Bei allen anderen reicht es völlig aus, den Boden zu lockern, ohne sein Gefüge zu zerstören. Dazu sticht man mit der Grabgabel etwa alle 10 cm in die Erde und rüttelt am Griff, ohne das Erdreich zu wenden. Die Lockerung mit der Grabgabel hat viele Vorteile: Vor allem im Sommer erreicht man eine bessere Durchlüftung, durchbricht die Kapillarwirkung, und die Feuchtigkeit bleibt im besser Boden gespeichert.

Bei der Bearbeitung darf der Boden nicht zerstört werden, lockern Sie das Erdreich mit der Grabgabel!

Mulchen, Einarbeiten von Kompost und Mischkultur erhalten den Boden und die Pflanzen gesund.

TIPP

Der ideale Gartenboden

- hat einen hohen Humusanteil
- speichert Wasser ohne Staunässe
- ist locker genug und enthält ausreichend Luft
- ist krümelig und leicht zu bearbeiten
- verfügt über ausreichend Nährstoffe

Humus und Mineralstoffe

Durch die Zersetzung tierischer und pflanzlicher Stoffe entsteht die organische Substanz, auch Humus genannt. Bei der Verwitterung von Gesteinen hingegen bilden sich im Boden die mineralischen Stoffe. Humus und Mineralstoffe sind die Grundbestandteile des Bodens, ein richtiges Verhältnis der beiden macht den guten Boden aus. Zudem gibt es noch die mikroskopisch kleinen Bodenlebewesen, die miteinander, aber auch voneinander leben und den Boden fruchtbar halten. Je nach Art kommen sie in verschiedenen Bodenschichten vor, nur einer ist überall zu finden – der Regenwurm kriecht von ganz oben oft in beachtliche Tiefen.

Bodenarten und ihre Eigenschaften

Ob ein Boden eher tonhältig oder sandig ist, ist dafür ausschlaggebend, welche Pflanzen gut gedeihen bzw. wie der Boden verbessert werden kann.

Tonhältige Böden werden oft umgangssprachlich als Lehmböden bezeichnet – mit Quarzsand lassen sie sich lockern. Sandböden hingegen bekommen eine bessere Struktur, wenn Sie Kompost zugeben. Selten ist eine exakte Zuordnung bei der Bodeneinschätzung möglich, aber das Wissen um die drei Grundtypen hilft, die Mischformen besser zu erkennen.

Sandböden

können Wasser nicht gut halten, die Wasserdurchlässigkeit aber ist gut. Auch die Bodenbelüftung ist intensiv, da der Sandboden über ein hohes Porenvolumen verfügt. Humus und Nährstoffe werden leicht ausgewaschen und sind meist nicht ausreichend vorhanden. Durch die grobe Körnung kann dieser Boden leicht bearbeitet werden.

→ Bodenverbesserung mit Kompost und Bentonit

Lehmböden

können wie Sandböden das Wasser gut führen, aber es im Gegensatz auch gut halten. Durch das krümelige Gefüge funktioniert die Bodenbelüftung ebenfalls einwandfrei. Lehmböden sind aus gärtnerischer Sicht die besten Böden, da neben der guten Struktur auch ein hoher Nährstoffgehalt vorherrscht und die Bearbeitung immer noch leicht von der Hand geht.

→ beste Gartenböden, Mulchung und Kompostgabe zahlen sich aus

Tonböden

haben die feinste Körnung und dadurch die schlechteste Wasserführung und Bodenbelüftung. Obwohl das Wasserhaltevermögen hoch ist, steht das Wasser den Pflanzen nicht immer zur Verfügung. Ebenso verhält es sich mit den Nährstoffen, die ausreichend im Boden enthalten, aber schwer verfügbar sind. Die Pflanzen können nur schwer wurzeln und die Bearbeitung ist mühevoll.

→ Bodenverbesserung mit Quarzsand und Kompost

In Lehmböden oder lehmigen Böden wachsen Gemüse-Jungpflanzen am besten. Jede Bodenstruktur kann aber verbessert werden und sollte für die nächste Generation erhalten bleiben!

PRAKTISCH GARTELN

Bodenbestimmung

Der Schlämmtest
In einen flachen Teller etwa 3 bis 4 mm hoch Wasser füllen und Erde hineinbröseln. Dann wird beobachtet, wie sich die Probe verhält: Verdichteter, unbelebter Boden zerfließt, seine Struktur löst sich auf. Krümelige Gartenerde zerfällt nicht und ihre Struktur bleibt weitgehend erhalten. Wurmkompost (siehe auch unter Kompost) ist am stabilsten, er behält seine Form zur Gänze.

Spatenprobe
Mit einem Spaten einen Würfel aus der Erde ausstechen und untersuchen. An dieser Probe erkennt man allfällige Schichtungen des Bodens – auch Verdichtungen, das Ausmaß der Durchwurzelung und wie die Wurzeln wachsen. Man sieht Wurmgänge und Spuren vom Bodenleben. Generell kann man sagen: Je größer die Vielfalt des Bodenlebens ist, desto besser ist es um den Boden bestellt.

Gründüngung

Gründüngungspflanzen haben unterschiedliche Wirkungen auf den Boden. Leguminosen sind in der Lage, den Luftstickstoff zu binden und für Pflanzen verfügbar zu machen: Die Phazelie bietet Nahrung für Nützlinge und schließt mit ihren Wurzeln den Boden hervorragend auf, während die Ringelblume eine bekannte Bodengesundungspflanze ist. Über den Winter frieren die Gründüngungspflanzen ab und bilden nicht nur eine schützende Mulchschicht, sie sind auch Nahrung für das Bodenleben, womit sich der Kreislauf wieder schließt. Man kann übrigens auch Feldsalat oder Spinat verwenden. Der Clou dabei – man schützt nicht nur den Boden, sondern kann sich auch im nächsten Frühjahr über eine zeitige Ernte freuen. In der Praxis geht das ganz einfach: Lockern Sie den Boden, streuen Sie ein wenig Kompost auf und säen Sie dann die Gründüngungspflanzen. Die Samen werden relativ dicht aufgestreut, eingerecht und dann gut eingegossen. Bis zu den ersten Frösten wachsen diese Pflanzen noch bis zu einem halben Meter hoch, frieren dann ab und bilden eine schützende Decke. Im Frühling werden die Reste leicht in den Boden eingearbeitet und die Setzlinge einfach hineingesetzt.

Bienenfreund *(Phacelia)* – eine Gründüngungspflanze – lockert den Boden, blüht zauberhaft und bietet Nahrung für Insekten.

TIPP

Fruchtfolge bei Gründüngung beachten!

Kreuzblütler wie Gelbsenf sollten Sie als Gründüngung nur dann verwenden, wenn Sie nicht vorhaben, im nächsten Jahr Kohlgewächse zu pflanzen. Er kann nämlich die Kohlhernie, eine lästige Kohlkrankheit, übertragen.

Eine Handvoll guter Gartenerde beherbergt etwa so viele Lebewesen wie Menschen auf der Welt leben.

Pflanzen Sie in Mischkultur – das hält Ihre Pflanzen gesund!

Sellerie mit Salat und Kohl in Mischkultur

Sellerie wird im Abstand von 50 cm in der Reihe gepflanzt. Dazwischen kommt Salat oder Kohl als Zwischenpflanzung. Der Salat ist nach sechs Wochen geerntet, der Kohl bis Mitte Juli, und ab dann kann sich der Sellerie bis zur Ernte im Herbst wunderbar ausbreiten.
Geben Sie in die Saatrille Kompost, dann wird mit Wasser eingeschlämmt. Dünn einsäen und die Erde festdrücken, z. B. mit einem Brett, auf das man steigen kann. So ist der Kontakt des Samens mit der Erde gewährleistet. Mit frischem Rasenschnitt mulchen!

Die Mischkultur sorgt für Gesundheit

Manche Pflanzenarten wachsen zusammen, andere nie, manche unterstützen sich gegenseitig, andere konkurrenzieren miteinander. Dieses Phänomen der gegenseitigen Unterstützung macht sich auch der intelligente faule Naturgärtner zunutze und pflanzt in Mischkultur.

Gute Nachbarn, schlechte Nachbarn

In der Natur gibt es keine Monokulturen! Hier wächst alles in bunter Vielfalt scheinbar willkürlich durcheinander. Es gibt viele Kombinationsmöglichkeiten für den Gemüsegarten.
Die Karottenfliege mag Zwiebelgeruch überhaupt nicht – pflanzen Sie daher Karotten zwischen Zwiebeln. Erbsen wiederum fühlen sich zwischen Karotten nicht wohl. Knoblauch schützt generell vor Pilzkrankheiten, aber besonders die Tomaten, Gurken und Erdbeeren. Möglich sind auch wirksame Dreierkombinationen: Tomaten schützen den Kohl vor Kohlweißlingen, Kohl wiederum wirkt bei den Tomaten gegen die Blattfleckenkrankheit und bei Sellerie gegen Rost.
Auch die Fruchtfolge ist im Gemüsegarten unbedingt zu beachten, da die verschiedenen Gemüse unterschiedliche Nährstoffansprüche haben. Nur wenn der Boden nicht ausgelaugt wird, bleibt er vielen Generationen erhalten.

Mangold und Tagetes – die bunte Mischung hat auch Zierwert!

Fruchtige Gemüsevielfalt

Die Vielfalt der Kulturpflanzen ist faszinierend und für die meisten immer noch überraschend. Haben wir uns doch schon daran gewöhnt, dass man uns im Lebensmittelhandel nur noch eine Handvoll Gemüse- und Obstsorten vorsetzt. Doch gerade der Hausgarten braucht sich nicht um Transportfähigkeit und genormte Formen und Größen zu kümmern – hier zählen Geschmack, regionale Anpassung und ganz persönliche Vorlieben.

Die kleinen gelben Kirschparadeiser eignen sich hervorragend als Naschobst.

Tomatenvielfalt: Im Verein „Arche Noah" werden alte Sorten geschützt und gesammelt.

Der Verein „Arche Noah" in Schiltern schützt und sammelt alte und seltene Sorten. Ein großer Vorteil dieser „alten Sorten" ist auch, dass sie, im Gegensatz zu den modernen „Hybridsorten", selbst vermehrt und wieder gepflanzt werden können. Bei manchen Kulturen ist die Vielfalt überwältigend, z. B. bei Tomaten, Pfefferoni und Kürbissen.

Ohne Tomaten mit ihren paradiesischen Früchten kein Sommer!

Sonnenkinder schützen

Tomaten lieben vollsonnige, warme Standorte und entfalten dort das beste Aroma. Fäulnis, vor allem die Kraut- oder Braunfäule, kann bei Tomaten zum Problem werden. Achten Sie deshalb darauf, dass Ihre Tomatenpflanzen nicht direkt vom Regen getroffen werden. Geben Sie z. B. ein altes Fenster über die Pflanzen. Auch Steinmehl, das man auf die Blätter stäubt, hilft. Geizen Sie die untersten Seitentriebe aus und mulchen Sie den Boden unter den Pflanzen. Benetzen Sie auch beim Gießen nicht die Blätter. Ideal ist es, wenn Sie direkt bei den Pflanzen einen großen Tontopf eingraben und in diesen Topf vorgewärmtes Regenwasser gießen – so sickert das Wasser langsam zu den Wurzeln und die Pflanzen wachsen noch einmal so gut.

Rot, rund und gesund – die Tomaten

Paradeiser oder Tomaten zählen zu den beliebtesten Kulturpflanzen im Gemüsegarten – und bieten eine besonders große Sortenvielfalt. Die Tomate ist botanisch gesehen eine Beere und enthält auch, wie eigentlich für Obst typisch, besonders viel Zucker und Fruchtsäure. Seit jeher wird sie jedoch als Gemüse angesehen und auch wie Gemüse zubereitet. Echte Beeren besitzen auch zur Reifezeit eine fleischige Fruchthülle. Meist sind mehrere Samen im Fruchtfleisch eingebettet. Das trifft auch auf Gurken, Paprika, Kürbis, Heidelbeeren, Weintrauben oder Ribiseln zu. Sie alle sind Beeren.

Tomaten danken es, wenn sie vor Regen geschützt zu werden – ob im Folientunnel, mit einem kleinen Dach oder einfach mit alten Fensterscheiben.

Richtig pflanzen

Wenn Sie veredelte Tomaten setzen, achten Sie darauf, den Wurzelballen nicht zu tief in die Erde zu geben. Die Veredelungsstelle sollte über dem Boden bleiben, deshalb nur ca. 2/3 des Ballens in den Boden eingraben.

Es gibt auch sehr außergewöhnliche Tomatensorten wie die grün gestreifte 'Green Zebra'.

PRAKTISCH GARTELN

Tomatensamen ernten

Wie lässt sich die keimungshemmende Schicht von den Tomatensamen lösen?
Suchen Sie sich die schönste Frucht aus, geben Sie das Fruchtfleisch in einen Behälter mit Wasser und lassen Sie alles drei Tage lang gären. So löst sich das Fleisch von den Samen und kann danach leicht mithilfe eines Siebs ausgewaschen und damit getrennt werden. Am besten eignen sich Kaffeefilter zum Trocknen der Samen, die trocken und dunkel gelagert (z. B. in einer Filmdose) bis zu zehn Jahre keimfähig bleiben.

Manche mögen's heiß – Paprika und Chili

Die einen sind mild und aromatisch, die anderen so scharf, dass geringste Mengen einem die Tränen in die Augen treiben! Die Rede ist von Paprika, Pfefferoni und Chili. Ihren Ursprung haben die Gemüseexoten in Mittel- und Südamerika, wo sie bereits 7000 Jahre v. Chr. verwendet wurden. Nach Europa brachte sie Christoph Kolumbus. Um etwas Ordnung in die verwirrende Vielfalt zu bringen, lässt sich folgende praktische Einteilung anwenden:

Der Gemüsepaprika ...

ist süß, wurde in Europa gezüchtet und lässt sich in der Küche vielfältig verwenden. Eine Sorte die sich auch zum Füllen sehr gut eignet ist der 'Wiener Wachsblock'.

Sie sind eine farbenfrohe Zierde, manchmal mild im Geschmack, dann aber wieder höllisch scharf – man sollte wissen, worauf man sich einlässt ...

Der Gewürzpaprika ...

hat schon eine gewisse Schärfe und wird seinem Namen nach dazu verwendet, den Speisen Pfiff zu verleihen. Wegen seiner Fruchtform bekannt ist der Glockenpaprika. Ist er an der Spitze noch mild, so wird er Richtung Stängel immer schärfer.

Chili ...

zählen, obwohl es auch milde Ausnahmen gibt, zu den schärfsten Vertretern der Gattung. Einer der schärfsten, dabei aber auch aromatischsten und bekanntesten ist der 'Habanero' – nutzen Sie sein Aroma, indem Sie die Früchte in Honig einlegen! Dazu schneidet man ein Stück 'Habanero' auf, gibt es in ein Glas und füllt mit Honig auf. Das Glas wird verschlossen und an einen nicht zu kühlen Ort gestellt. Nach einigen Wochen hat man einen Gewürzhonig, der perfekt zu Huhn oder Fisch passt.

Paprika-Kultur

Ausgesät wird der Paprika etwa eine Woche vor den verwandten Tomaten. Im Unterschied zu diesen, denen ja Wasser von oben bekanntlich nicht bekommt, liebt der Paprika wie auch die Gurke hohe Luftfeuchtigkeit und eine Dusche von oben. Pflanzt man ihn im Freien, so bleiben zwar die Früchte etwas kleiner, sind dafür aber umso aromatischer.

Will man vom Paprika Samen ernten, um Saatgut für das nächste Jahr zu gewinnen, so muss man darauf achten, dass man die Paprika ausreifen lässt, was am Farbumschlag, etwa von gelb zu rot erkennbar ist.

Chili und Glockenpaprika lassen sich übrigens auch im Topf ziehen und auf diese Weise sogar überwintern.

Paprika und Pfefferoni gibt es in großer Vielfalt – das Sammeln von Sorten kann eine Leidenschaft werden.

TIPP

Brennnesseljauche

Ca. 1 kg frische Brennnesseln (nicht blühend und nicht samentragend) in 10 Liter Wasser einweichen, den Geruch mit Steinmehl binden. Wenn die Jauche aufhört zu schäumen, im Verhältnis 1:10 mit Wasser verdünnen und einmal pro Wochen direkt zu den Wurzeln der Starkzehrer wie z. B. Kürbissen, Kohlgemüsen oder Gurken gießen. Brennesseljauche ist ein hervorragender Dünger!

Kürbisse sind eine kulinarische Wiederentdeckung unserer Tage.

Kürbisse, die größten Beeren der Welt

Eine Beere soll 600 kg wiegen? Ja, bei Kürbissen ist selbst das möglich, allerdings schmecken derartige Riesenfrüchte nicht mehr gut. Im Naturgarten zählen die Vielfalt und das Kultivieren unter natürlichen Bedingungen, auch so können stattliche, aber wohlschmeckende Früchte zustande kommen.
Kürbisse brauchen zur Befruchtung Partner – deshalb ist es sinnvoll, mehrere Pflanzen zu setzen. Vorsicht: Kürbisse können sich auch mit ungenießbaren Zierkürbissen einkreuzen – das führt bei einer weiteren Verwendung der Samen im kommenden Jahr zu einem bitteren Geschmack der Früchte.

Kürbisse im Hausgarten

Ziehen Sie Kürbisse ab Mitte April vor. Kräftige Jungpflanzen haben die besseren Chancen, sich gegen Schnecken zu behaupten. Nach den letzten Spätfrösten dürfen die Pflänzchen ins Freie und benötigen dort viel Platz – 1 m² pro Pflanze. Was in kurzer Zeit viel wächst, braucht auch viele Nährstoffe. Versorgen Sie den Boden reichlich mit Kompost – 5 l Kompost je m². Auch laufende Gaben von Hornmehl oder Brennnesseljauche verhelfen zu gutem Wachstum.
Besonders lange haltbar werden Kürbisse, wenn Sie die geernteten Früchte einige Wochen bei Zimmertemperatur lagern. Dann wird die Schale besonders hart und fest – das beugt Fäulnis vor. Erst danach kommen sie in den Keller.

Neben dem Komposthaufen

Der beste Platz für einen Kürbis ist nicht direkt am Komposthaufen, sondern daneben! So kann die Pflanze die ausgewaschenen Nährstoffe nutzen und bietet gleichzeitig dem Haufen eine Beschattung, wenn er mit seinen großen Blättern darüberwächst.

Auch bei Kürbissen finden Sie eine große Vielfalt – die Gurke zählt übrigens zur selben Pflanzenfamilie.

Kompost – das Gold des Biogärtners

Kompostieren entspricht dem natürlichen Kreislauf, dabei wird organischer Abfall abgebaut und wertvoller Humus entsteht – die Voraussetzung für ein gesundes Bodenleben und Pflanzenwachstum im Naturgarten.

Aufbau eines Komposthaufens

Am besten legt man den Komposthaufen im Halbschatten und etwas versteckt an. Wie er aussieht, ist zweitrangig. Wichtig ist hingegen, welche Materialien kompostiert werden und wie man sie schichtet.

Als Schutz vor Maulwürfen, die Kompostwürmer fressen, bauen Sie ganz unten ein Hasengitter ein. Die Basis des Komposthaufens ist dann eine Dränageschicht aus Holzhäcksel oder ähnlich grobem Strukturmaterial, die gewährleistet, dass einerseits der Luftaustausch möglich ist und andererseits überschüssiges Wasser abrinnen kann. Darüber folgt, gut gemischt, grünes mit verholztem, nasses mit trockenem Material. Das grüne Material, etwa Rasenschnitt oder Küchenabfälle, ist energie- und nährstoffreich, während strukturreiches Häckselgut oder Laub für die nötige Auflockerung sorgt. Je vielfältiger die Mischung, desto besser. Niemals das Material zu klein häckseln. Bis zur Stärke eines Daumens kann Gehölzschnitt ohne Zerkleinerung verwendet werden.

Bringt man nämlich zu viele energiereiche, strukturarme Abfälle wie Rasenschnitt auf einmal ein, so können sie zu faulen beginnen, weil die notwendige Luft für die Verrottung fehlt. Der Haufen beginnt dann zu stinken.

Übrigens kann auch Erde in geringen Schichten eingebracht werden. Als Kompoststarter haben sich gesiebte Reste aus einem fertigen Komposthaufen oder Wurmkompost bestens bewährt.

Aufbau eines Komposthaufens

Die Aufbringung des Materials in Schichten hilft, einen besseren Überblick über den Aufbau zu erhalten. Die Dicke der Schichten hängt vom anfallenden Material und dessen Handhabung ab. Für die Bodenlebewesen selbst ist die gute Durchmischung wesentlich.

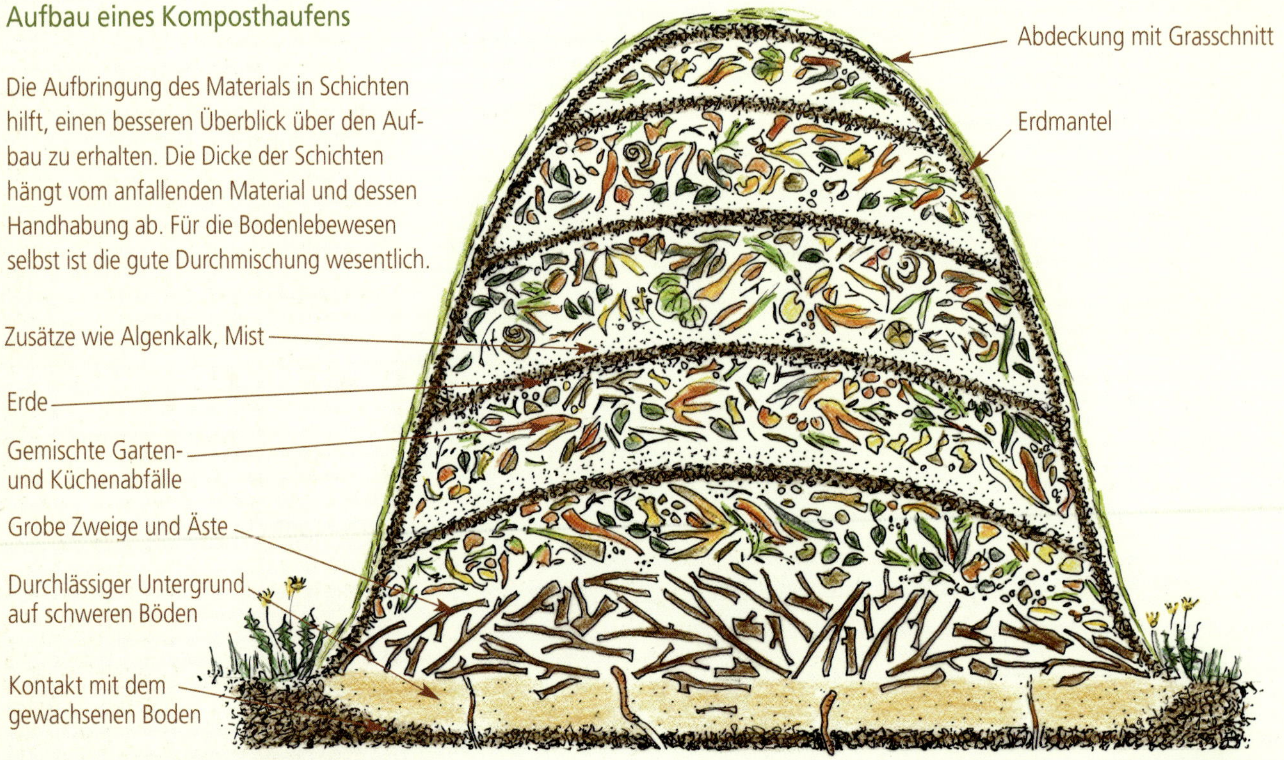

Je vielfältiger das Material ist, desto besser und schneller reift der Kompost.

Gut gemischt ist halb gewonnen

Ihr Komposthaufen braucht ewig, um gute Erde zu werden? Wie können Sie das beschleunigen?
Die bunte Mischung macht's aus: Schichten Sie Laub, Strauchschnitt, ja sogar die Obstschalen, den Kaffeesatz und die Teebeutel aus der Küche ... auf dem Komposthaufen auf. Da entsteht rasch Verrottungswärme. Und in dieser Wärme fühlen sie sich wohl – die Käfer, die Regenwürmer, die Mikroorganismen – ein 5-Sterne-Hotel für kleine Tierchen, die aus Ihrem Kompost rasch Erde machen.

Wurmkompostierung als Starthilfe

Regenwürmer wissen, wie man fruchtbare Erde macht! Organische Reste werden ganz einfach zu hochwertigem Dünger umgesetzt. Im Kot der Regenwürmer, dem Regenwurmkompost, befinden sich aber nicht nur Nährstoffe, sondern auch Enzyme und Huminsäuren, die wiederum als Botenstoffe dienen und Mikroorganismen ernähren. Durch ihre grabende Tätigkeit mischen Regenwürmer die Erdschichten durch und belüften den Boden, was den kleineren Bodenlebewesen zugute kommt. Regenwürmer schaffen auf diese Weise Raum für Pflanzenwurzeln und Kanäle für das Regenwasser.
Wer bisher noch nicht „auf den Wurm gekommen ist", kann ein Startpaket Wurmkompost mit Regenwürmern in Rottematerial bestellen.

Irrtümer rund um den Kompost

• „Ein Komposthaufen stinkt!"
Ein richtig angelegter Komposthaufen stinkt nicht. Sorgen Sie dafür, dass der Komposthaufen nicht austrocknet und genügend Sauerstoff bekommt. Unter Luftabschluss kann es nämlich zu Gärungsprozessen kommen, die tatsächlich unangenehm riechen.

• „Unkräuter dürfen nicht auf den Kompost!"
Sind noch keine Samen ausgebildet, sind einjährige Unkräuter kein Problem am Komposthaufen. Wichtig ist nur, Wurzelunkräuter vor dem Kompostieren vollkommen austrocknen zu lassen.

• „Küchenabfälle gehören nicht auf den Komposthaufen!"
Doch! Küchenabfälle sind wichtiger Bestandteil des Komposts. Nur Knochen, gekochtes Fleisch, Nudeln und Reis sollten nicht kompostiert werden – sie locken Ratten an.

TIPP

Der Kressetest

Kümmern Ihre Pflanzen dahin, obwohl sie genug Kompost bekommen haben? Das kann an unverrottetem Kompost liegen, der die Pflanzenwurzeln verbrennt. Testen Sie Ihren Kompost, ob er reif für das Beet ist, und säen Sie einfach einige Kressesamen in eine Schale mit Ihrem Kompost. Sind die Keimblätter nach dem Keimen dunkelgrün und wirken vital, dann ist der Kompost reif zur Anwendung. Keimt die Kresse schlecht und färbt sie sich gelb, braucht er noch eine Weile.

Mulchen spart Arbeit: Im Boden wird Feuchtigkeit gespeichert und der Beikrautwuchs weitgehend verhindert.

Mulchen – das Geheimnis der Natur

In der Natur gibt es keine nackte, unbedeckte Erde. Entweder liegt eine dicke Laubschicht darauf oder sie ist bewachsen. Selbst auf schlechten Böden siedeln sich rasch die passenden Pflanzen an – für jeden Standort gibt es ganz speziell angepasste Pflanzen. Brachliegende, ungeschützte Flächen sollte es im Naturgarten nicht geben. Frost und Sonneneinstrahlung setzen dem Boden arg zu, das Bodenleben in den oberen Schichten stirbt ab. Die Oberfläche wird durch den Regen verschlämmt und es kommt zu Rissbildungen. Bedecken Sie daher Ihren Boden – auch wenn nur vorübergehend – immer mit Gründüngungspflanzen oder einer Mulchschicht!

Mulchmaterialien

Im Gemüsegarten wird hauptsächlich mit Rasenschnitt gemulcht, der schnell verrottet und häufig, vor allem in den Sommermonaten, zur Verfügung steht. Eine dünne Schichte von 3 bis 5 cm ist völlig ausreichend.

Auch Stroh wird im Gemüsegarten gerne verwendet, vor allem Erdbeerpflanzen profitieren davon, da selbst bei starkem Regen die Früchte unversehrt bleiben (ausgenommen davon sind Schneckenattacken, aber das ist eine andere Geschichte).

Laubmulch eignet sich unter Bäumen und Sträuchern und bietet einen guten Winterschutz. Eine dünne Erd- oder Kompostschicht darüber ausgebracht, verhindert das Verblasen des Laubs.

Rindenmulch hat einen besonderen Reiz durch den an Wald erinnernden Geruch, und ist durch seine einheitliche Oberfläche auch dekorativ. Aus Rindenmulch werden oft auch Wege angelegt. Verwenden Sie im Naturgarten nur Rindenmulch, der mit dem Österreichischen Umweltzeichen zertifi-

Rasenschnitt eignet sich besonders gut als Mulchmaterial im Gemüsegarten.

Wird mit Stroh gemulcht, bleiben die Kulturpflanzen besonders sauber, allerdings wird dem Boden Stickstoff entzogen. Eine Gabe Hornspäne wirkt ausgleichend!

Lieber dünn mulchen, dafür öfter!

ziert ist. Der hohe Gerbsäuregehalt verhindert zwischen Sträuchern das Aufkommen von Beikraut. Bei Gemüsepflanzen, Kräutern, Sommerblumen oder Stauden sollte Rindenmulch nicht verwendet werden, weil er die Pflanzen schädigt.

Zu guter Letzt kann man auch mit Karton, Mulchpapier und Mulchfolien den Boden bedecken und darüber noch organisches Material aufbringen. Mulchfolien eigenen sich für wärmeliebende Gemüsepflanzen wie Gurken, Auberginen und Paprika. Und es können sogar Wurzelunkräuter wie Giersch bekämpft werden, denn durch die abgeschlossene Abdeckung kommen sie kaum durch.

PRAKTISCH GARTELN

Vorteile des Mulchens

- weniger Hackarbeit nötig (Kapillarwirkung bleibt gut erhalten)
- weniger Jäten, Beikrautwuchs stark reduziert
- weniger Gießen, Feuchtigkeit wird im Boden gespeichert
- weniger Düngen, Nährstoffe werden weniger ausgewaschen
- Bodenschutz
- Humuseintrag
- besseres Kleinklima
- gleichmäßige Wachstumsbedingungen

Kräuter

Den Augenblick genießen – das ist das Motto bei mir im Garten. So ist das Gießen meiner Kräuter eine der erholsamsten Arbeiten. Nicht zuletzt deshalb, weil der Wasserstrahl an Sommertagen Düfte auslöst, die das ganze Jahr über in Erinnerung bleiben. Zum Beispiel bei meinen Duftpelargonien. Ob die Berührung durch den Wasserstrahl oder ein sanftes Streifen im Vorbeigehen – schon breiten sich die Zitronen-, Rosen- oder Pfefferminzdüfte aus. Meine absoluten Lieblinge sind die vielen verschiedenen Rosmarinpflanzen – ein köstliches Gartenparfum: Der Duft vom Piniennadelrosmarin ist für mich fast wie ein Kurzurlaub in der südlichen Toskana.
Spannend ist es auch, die Heilwirkung der Kräuter zu entdecken. Das ist die Leidenschaft meiner Frau. Ich liefere dann die Blüten vom Johanniskraut und freue mich, wenn ich im Winter mit ihrem Massageöl verwöhnt werde. Wenn Kräuter so in die Gestaltung des Gartens integriert werden, dass sie an allen Ecken und Enden ihre Düfte verströmen, wird ein Spaziergang durch den Garten zum ganz besonderen Dufterlebnis. Irgendwann kommt auch bei mir noch die Kamillen-Duftbank à la Sissinghurst. Die Sitzfläche dieser aus alten Steinsäulen errichteten Sitzbank wird dort nämlich mit einer nicht blühenden Kamille bepflanzt.

Aus dem Roten Sonnenhut *(Echinacea purpurea)* wird ein beliebtes homöopathisches Mittel gegen Erkältungen und zur Stärkung der Abwehrkräfte gewonnen.

Für jeden und gegen alles ist ein Kraut gewachsen!

Kein Garten ohne Kräuter

Kräuter sind als Gewürze in der Küche einfach nicht mehr wegzudenken, viele von ihnen dienen seit jeher mit ihrer Heilwirkung dem Menschen – auf den Punkt gebracht: Kräuter sind ganz einfach die Würze des Lebens. Sie schlagen die Brücke zwischen Geschmack, Wohlbefinden und Heilung und haben in den letzten Jahren einen regelrechten Boom erlebt. In keinem Garten dürfen sie mehr fehlen. Ja, sogar auf Terrassen, Stiegen und kleinsten Balkonen stehen ein paar Kräutertöpfchen, die für frische Würze sorgen oder aus deren Blättern z. B. ein Tee frisch zubereitet werden kann.

Geruch und Aroma

Das wunderbare Aroma, das man vor allem mit der Nase wahrnimmt, kommt von den ätherischen Ölen, die in vielen Kräutern enthalten sind. Das ist auch der Grund, warum Kräuter besonders in der Sonne zu duften beginnen, denn durch die Hitze steigen die ätherischen Öle direkt durch die Luft zu uns auf. Wenn Sie diesen Effekt verstärken möchten, brauchen Sie lediglich mit der Hand über die Zweige zu streifen. „Ätherisch" bedeutet übrigens so viel wie „Himmelsluft".
Kräuter produzieren im Sommer die meisten ätherischen Öle. Je mehr Sonnenschein, je größer die Hitze, desto besser. Haupterntetag der Kräuter war früher der 15. August. Man ging davon aus, dass zu diesem Zeitpunkt geerntete Kräuter beim Trocknen das meiste Aroma behalten. Das hat bis heute Gültigkeit! Vor allem Rosmarin, Thymian, aber auch die Lavendelblüten bleiben wunderbar aromatisch, wenn sie im Hochsommer geerntet und im luftigen Schatten getrocknet werden. Neben den ätherischen Ölen gibt es noch Inhaltsstoffe, die nicht duften, z. B. Gerb- und Bitterstoffe, Mineralstoffe und Vitamine.

TIPP

Duftende Rasenkamille

„Auf Schritt und Tritt" verströmt die Römische Kamille *(Anthemis nobilis)* einen starken Duft. Verwenden Sie diese Pflanze als Rasenersatz auf kleineren Flächen mit humusreichem, etwas sandigem Boden und jeder Gast wird beeindruckt sein.

Lavendel verströmt vor allem in der Mittagssonne einen betörenden Duft – er enthält viel ätherisches Öl.

Kräuter auf kleinstem Raum

Sie benötigen keinen großen Garten, ja nicht einmal einen Balkon. Schon ein Fensterbrett ermöglicht die Anzucht von Kräutern. Frisch gewürzte Speisen schmecken doppelt so gut, und so ist es ein echter Gewinn, Schnittlauch, Basilikum und Rosmarin am Fensterbrett zu haben. Kräuter wie Schnittlauch und Petersilie lassen sich auch ganz einfach direkt aussäen. Die Ansprüche der Kräuter sind verschieden, die einen – meist aus dem Mittelmeerraum stammend – lieben trockene und sehr sonnige Standorte, die anderen vertragen Schatten und kühlere Lagen, brauchen aber regelmäßig Wasser.

PRAKTISCH GARTELN

Das Kräuterkisterl

Rosmarin, Salbei, Heiligenkraut, Thymian und Lavendel eignen sich gut für ein kleines Kräuterarrangement. Reißen Sie die Wurzelballen von Topfpflanzen vor dem Einpflanzen auf, damit die Kräuter gut anwachsen können. Als Pflanzsubstrat verwenden Sie eine Mischung aus Kompost, Bio-Packungserde, Sand und Ziegelsplitt. Stellen Sie das Kistchen dann an den sonnigsten Platz auf der Terrasse oder den Balkon.

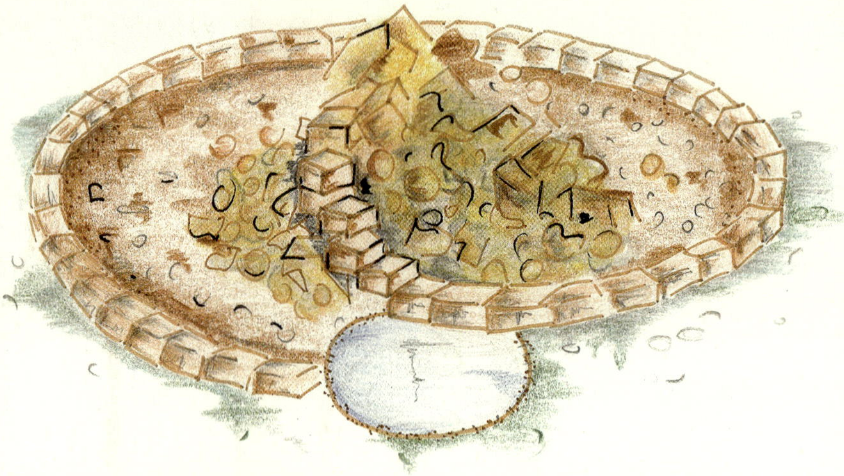

Beim Bau der Kräuterspirale wird zuerst mit grobem Material aufgeschüttet, dann legt man ausgehend vom Teich die ansteigende Mauer in Schneckenform bis zum zentralen Mittelpunkt aus.

Besondere Kräuterbeete

In der Kräuterspirale oder Kräuterschnecke werden Prinzipien der Permakultur umgesetzt. Auf kleinem Raum können durch den speziellen Aufbau Standorte mit verschiedenen Boden- und Lichtverhältnissen geschaffen werden, nicht weit von der Feuchtigkeit liebenden Minze wächst dann der Trockenheit bevorzugende Thymian. Die spiralförmige Konstruktion bietet zudem den Vorteil, auch die Kräuter aus der erhöhten Mitte noch gut ernten zu können.

Die Kräuterspirale

Wählen Sie einen Platz in voller Sonne, ohne Beschattung durch Bäume oder Hauswände – am besten in Richtung Nord-Süd ausgerichtet, um die Sonneneinstrahlung optimal zu nutzen. Außerdem sollte der Weg zur Küche nicht weit sein.

Auf einer etwa zwei Meter im Durchmesser großen, runden Fläche heben Sie den Boden einen Spaten tief aus und füllen die Grube mit grobem Steinmaterial an. Zeichnen Sie die Spiralform auf dem Boden auf. In der Mitte errichten Sie einen Steinhaufen. Der höchste Punkt sollte etwa einen halben bis einen Meter hoch, der Abstand zwischen den ansteigenden Stützmauern immer etwa 60 cm breit sein. Aus Felsbrocken, Ziegelsteinen oder Naturstein lässt sich die spiralig verlaufende Mauer gut errichten. Die Kräuterschnecke wird mit verschiedenen Erdmischungen gefüllt, außen eher lehmige Gartenerde zur Abdichtung, anschließend Mischungen aus Kompost und Erde und ganz oben folgt durchlässiges, mit Sand angereichertes und nährstoffarmes Substrat.

Am Fuße der Spirale kann auch ein kleiner Teich errichtet werden. Dazu genügt es, ein etwa 80 cm tiefes Loch auszuheben, darin eine Folie zu verlegen und zuletzt die flachen Ufer mit einem Sand-Erde-Gemisch abzudecken.

Beachten Sie die Ansprüche der Kräuter – Schnittlauch liebt nährstoffreiche Gartenböden, Tymian trockene und sonnige Plätze.

PRAKTISCH GARTELN

Bepflanzung der Kräuterspirale

Ausgehend vom Teich in folgender Reihenfolge:

Brunnenkresse, Minze, Sauerampfer, Schnittlauch, Petersilie, Liebstöckel, Salbei, Oregano, winterharter Majoran, Bohnenkraut, Thymian.
Das recht groß werdende Liebstöckel sollte zum höchsten Mittelpunkt hin gepflanzt werden, damit es sich optisch an die Mauer „lehnt".

Kräuterbeet mit Einfassung

Eine dekorative Alternative zur Kräuterspirale ist zum Beispiel das Kräuter-Hochbeet. Ähnlich dem Gemüse-Hochbeet wird eine Fläche abgesteckt und am Grund eine Dränageschicht aus durchlässigem Material eingebracht. Darüber kommt eine nährstoffarme, magere Bodenschichte. Die Fläche sollte in zwei Bereiche gegliedert werden, einen Teil mit guter Gartenerde und Kompost abgemischt für die Nährstoff liebenden Kräuter wie Liebstöckel, Petersilie oder Schnittlauch, den anderen Teil mit magerem Boden für die mediterranen Gewächse wie Oregano, Thymian u. a. Höher wachsende Pflanzen setzt man in den Hintergrund, klein bleibende kommen nach vorne.

TIPP

Würzkräuter für den Schatten

Unter Hecken oder lichten Baumkronen herrschen durchaus passende Verhältnisse für Kräuter – allerdings nur für ganz bestimmte Arten. Wer aufmerksam durch den Wald oder am Waldrand entlangspaziert, kennt diese Gewächse längst. Bärlauch, Gundelrebe, Süßdolde oder Knoblauchrauke sind Pflanzen für den lichten Schatten und obendrein „wilde" Würze in vielen Speisen.

Ein Gewürzkräuterbeet kann mit Brettern eingefasst ähnlich wie ein Hochbeet aufgebaut werden.
Den Standortansprüchen der jeweiligen Kräuter muss aber wie bei der Kräuterspirale entsprochen werden.

Blühende Kräuter bieten vielen nützlichen Insekten Nahrung. Blauer Lavendel und gelbe Gewürztagetes sind zusätzlich ein Blickfang im Garten.

Gute Partner fürs Gemüse

Das klassische Beispiel im Gemüsegarten wie auch in der Küche sind die Partner Bohnen und Bohnenkraut. Letzteres beugt einem Befall durch die Bohnenlaus vor und in Gerichten wirkt es verdauungsfördernd. Dille verbessert die Widerstandskraft und Keimfähigkeit von Karotten, Kohl und Gurken und kann ganz leicht zwischen diese beiden Kulturen ausgesät werden.

Kräuter in Mischkultur

Kräuter können dem Menschen helfen. Kräuter können aber auch anderen Pflanzen helfen – sie sind nämlich hervorragende Partnerpflanzen für Ihr Gemüse. Und nicht nur das – sie helfen sogar, Schädlinge und Krankheiten zu vertreiben. Ameisen z. B. meiden Minze und Lavendel. Ob als Einfassung der Beete oder mitten im Gemüsegarten als Zwischenpflanzungen, Kräuter bewirken Gutes. Doldenblütler locken Nützlinge wie die Florfliege oder die Schwebfliege an, deren Larven Blattläuse verspeisen und somit in jedem Garten willkommen sind.

Wogegen ist ein Kraut gewachsen?

Ameisen meiden Kerbel, Lavendel, Minze und Wermut. Erdäpfelkäfer werden mit Kren vertrieben. Rosmarin und Echter Salbei „bekämpfen" die Karottenfliege.
Kohlweißlinge fliehen vor Rosmarin, Ringelblumen, Echten Salbei, Minzen, Borretsch und Thymian.
Thymian hilft zudem wie auch Lavendel, Bohnenkraut und Kerbel gegen Blattläuse.
Schnittlauch als Nachbar kann möglicherweise Mehltaubefall erschweren, während Schnecken Kapuzinerkresse, Kerbel, Echten Salbei und Thymian meiden.

TIPP

„Mischkultur" in der Suppe

Selbst gemachter „Gemüse-Suppenwürfel"

Karotten, Pastinaken, Porree, Liebstöckel, Sellerieknolle und Selleriekraut werden fein geraspelt bzw. geschnitten und mit Meersalz versetzt
(1/4 kg Salz auf 1 kg Gemüse).

Die Mischung kommt in ein Glas und hält sich dort – nach dem Öffnen im Kühlschrank – ein ganzes Jahr.

Zwei Esslöffel dieser Mischung in 3/4 Liter kochendem Wasser ergeben eine köstliche Gemüsesuppe.

Ein kunterbuntes Durcheinander ist nicht nur für das Auge schön – Vielfalt und Mischkultur halten Menschen und Pflanzen gesund.

Gartenkräuter und ihre Wirkungen

Viele Kräuter werden täglich in der Küche verwendet, viele von ihnen haben auch heilende Wirkungen. Wie schnell sich aus Kräutern und den Früchten des Gartens Gutes und Heilendes herstellen lässt, verrät Uschi Zezelitsch, die „moderne Kräuterhexe" in der Sendung „Natur im Garten". Sie begibt sich auf Entdeckungsreise in die Welt der Pflanzenvielfalt – philosophisch, historisch aber auch praktisch, mit interessanten Koch- und Verarbeitungstipps.

Kräuter für nährstoffreiche, gute Gartenböden

Wie wichtig der Standort für Pflanzen ist, zeigt sich vor allem auch in der Kräuterwelt. Jene Gewächse mit einem hohen Anteil an ätherischen Ölen sind meist hartlaubig, Trockenheit liebend und stammen aus dem Mittelmeerraum. Die anderen wiederum benötigen ausreichende Gaben an Kompost und Hornspänen und nehmen es übel, wenn sie nicht ausreichend gegossen werden.

Das Liebstöckel in der Küche

Als Würzpflanze des Küchengartens ist das Liebstöckel, oft auch Maggikraut genannt, eine Legende. Seine Blätter werden gerne für würzige und deftige Gerichte verwendet – überall dort, wo ein kräftiges Suppenaroma gebraucht wird. Aus den getrockneten Blättern lässt sich einfach ein Kräutersalz zubereiten. Je nach Geschmack kann man dazu entweder ausschließlich Liebstöckel verwenden, oder es mit anderen Kräutern – etwa Majoran – mischen. Außer den getrockneten Kräutern brauchen Sie für die Herstellung einen Mörser, grobes Meersalz und ein kleines Schraubglas. Erst wenn die Mischung eine gleichmäßige hellgrüne Farbe hat, ist das Kräutersalz fertig und wird in kleine, gut verschließbare Gläser gefüllt.

Petersilie, ein Stimmungsmacher

Bekannt sind im Wesentlichen zwei Sorten – die Krause Petersilie, die sich besonders für Dekorationen eignet, und die Glatte Petersilie, die sich durch intensiven Geschmack auszeichnet. Auch die Wurzel ist als Suppengemüse aus der Küche nicht wegzudenken! Die Verwendung als Heilpflanze ist dagegen weniger üblich. Petersilie enthält wichtige Spurenelemente wie Magnesium, Eisen und Kalium, die für gute Stimmung sorgen, und ist sogar vitaminreicher als Orangen. Das stärkt natürlich auch das Immunsystem! Außerdem wirkt sie appetit- und verdauungsanregend, krampflösend und hilft bei Insektenstichen.

Tinktur aus Petersilienblättern

Füllen Sie ein Glas mit frischen Petersilienblättern und füllen Sie es mit Weingeist auf. Das verschlossene Glas muss ca. 5 Wochen auf der Fensterbank ruhen, bis die Tinktur abgeseiht und in

Petersilie ist nicht bloß ein Suppenkraut, sie wirkt stimmungsaufhellend und sogar krampflösend.

Petersilie gibt es in verschiedenen Sorten – hier die sehr dekorative Krause Petersilie und die geschmackvolle Glatte Petersilie.

Minzenvielfalt

Weltweit gibt es über 300 Minzensorten, z. B. Schoko-, Ingwer- oder Ananas-Minze, die in der Küche sehr begehrt sind. Aber Achtung, alle Minzen sind stark ausläufertreibend, was beim Anbau unbedingt berücksichtigt werden sollte. Eine wichtige Heilpflanze ist die Pfefferminze. Sie wirkt ähnlich wie Petersilie krampflösend und schafft Linderung bei Magenproblemen. Wenn Sie sich das ätherische Öl der Pfefferminze im Bereich der Schläfen einmassieren, lindert das Kopfschmerzen und vertreibt trübe Gedanken.

Pfefferminzsirup

Geben Sie in ein weithalsiges Glas abwechselnd je eine Schicht braunen Zucker und eine dichte Schicht Pfefferminzblätter. Die letzte Schicht sollte der Zucker bilden. Verschließen Sie das Glas gut und graben Sie es ca. 50 cm tief in Ihrem Garten ein. Durch die Dunkelheit und die konstante Temperatur wird die Minze optimal fermentiert. Nach drei Monaten hat sich ein zähflüssiger Sirup gebildet. Sie müssen ihn nur noch kurz aufkochen und abfüllen. Bei Magenproblemen hilft es, einen Teelöffel Sirup langsam im Mund zergehen zu lassen.

dunkle Flaschen gefüllt werden kann. Um den Körper aufzumuntern oder Verdauungsbeschwerden zu lindern, kann man täglich 10 bis 15 Tropfen mit etwas Wasser verdünnt einnehmen.

Petersilie zaubert ein Lächeln in jedes Gesicht und hilft gegen die Frühjahrsmüdigkeit.

Wenn Minzen blühen, bieten sie vielen Insekten Nahrung. Für Körper und Geist werden aber die Blätter genutzt.

Die blauen Blütensternchen des Borretsch eignen sich als dekorative Zugabe in Salaten oder kandiert in Süßspeisen.

Basilikum, das Königskraut

Benannt ist das Basilikum nach dem griechischen Wort für König: „Basileus“. Das Kraut liebt sonnige und warme Standorte, die in unseren Breiten nicht so leicht zu finden sind. Ein Kreis aus Steinen rund um die Pflanze soll die Energie im Zentrum bündeln und gespeicherte Wärme abgeben. Es gibt eine Vielzahl von Sorten wie z. B. das Rotblättrige Basilikum, Zimt-Basili-

Basilikum liebt es warm und sonnig – ein Platz z. B. an der Hausmauer bietet sich an.

Dekorative Borretschblüten

In der Küche verwendet man die klein geschnittenen Blätter des Borretsch im Salat und ganze Blätter gedünstet wie Spinat. Seine Blüten eignen sich gut zum Dekorieren. Das Kraut erinnert im Geschmack an Gurken, weshalb es im Volksmund auch „Gurkenkraut“ genannt wird. Auch als Heilkraut ist der Borretsch begehrt: Er wirkt fiebersenkend, harntreibend und er stärkt die Blase und die Nerven. Bei unreiner Haut wirkt eine Maske aus Borretsch und Joghurt. Zur Zeit des Sonnenkönigs Ludwig XIV waren die Borretschblüten neben denen der Rosen und der Veilchen die beliebtesten zum Kandieren.

TIPP

Borretschblüten kandieren

Mithilfe eines Haarpinsels die Blüten mit Eiklar einstreichen und feinen Kristallzucker darüberrieseln lassen. Dann die Blüten auf ein Backblech legen und bei 50 °C ca. zwei bis drei Stunden bei offenem Backrohr trocknen. Luftdicht verpackt, halten die Blüten bis zu einem Jahr.

Uschi zeigt die große Vielfalt der Basilikumsorten und stellt ein Käutersalz mit Basilkum her. Sie mischt grobes Meersalz mit Basilikum, Thymian, Ringelblumenblüten oder auch Lavendel, die zuvor in einem Mörser ganz fein zerrieben wurden.

kum, Strauch-Basilikum oder Zitronen-Basilikum. In medizinischer Hinsicht wirkt die Pflanze verdauungsfördernd und regt den Stoffwechsel an.

Anspruchslose Würzkräuter für durchlässige Böden

Sie stammen aus dem Süden, und so lässt sich leicht auf ihre Ansprüche schließen. Mediterrane Kräuter wie Thymian, Rosmarin oder Oregano sind anspruchslos, sie lieben Trockenheit und nährstoffarme Böden. Nur Staunässe vertragen sie nicht! Ein durchlässiger mit Sand oder Splitt angereicherter Boden sind Bedingung für das gute Gedeihen.

Räuchern mit Thymian

Die vielen Arten und Sorten des Thymians haben eines gemeinsam: sie sind allesamt äußerst pflegeleicht. Für Heilzwecke eignet sich am besten der heimische Arzneithymian. Dieser wirkt als Tee genossen hervorragend schleimlösend und keimtötend. Thymian eignet sich aber auch zum Räuchern. Dazu nimmt man eine feuerfeste Schale, zündet eine Kohletablette an und streut eine Prise Lavendel sowie eine größere Prise Thymian darauf. Der wohlriechende Rauch tötet Bakterien ab und vertreibt auch lästige Insekten. Wenn Sie Öle zum Beduften verwenden, sollten Sie nur kleine Mengen einsetzen, da sie sehr konzentriert sind und die Schleimhäute reizen können. Vor allem Zitrusöle, Salbei-, Thymian- und Rosmarinöl, Teebaumöl, Zimt- und Nelkenöl und bei Asthma speziell auch Pfefferminz- und Eukalyptusöl sind nicht ganz unbedenklich.

Thymian ist bestimmt kein Mauerblümchen, obwohl er sich auf Mauern und in trockenen Ritzen wohlfühlt.

Rosmarin stammt aus dem Mittelmeerraum und zählt zu den beliebten Kräutern für trockene Standorte.

Belebender Rosmarin

Viele Kräuter sind wahre Nützlingsmagnete – auch der bekannte Rosmarin gehört dazu. In Brauchtum und Geschichte nimmt der Rosmarin einen fixen Platz ein: Bei Hochzeiten tragen seit Jahrhunderten unverheiratete Männer einen Zweig am Revers; Braut und Brautjungfer tragen ihn als Zeichen für Liebe und Treue. Aufgrund seiner antiseptischen Wirkung wurde das wertvolle Kraut im Barock sogar gegen die Pest eingesetzt. Rosmarin hat eine sehr belebende Wirkung – z. B. angewendet in Form eines Rosmarinbades: Dazu schichten Sie einfach Meersalz, getrockneten Rosmarin und Blütenblätter der Ringelblume in ein Glas, mit einer Schicht Meersalz abschließen – das perfekte Geschenk.

Pizza-Oregano oder Wilder Dost?

Wenn man an Pizza denkt, kommt einem gleich ein Gewürz in den Sinn: der Oregano. Dabei stammen diese würzigen Arten und Sorten der Gewürzpflanze gar nicht aus Italien, sondern aus dem östlichen Mittelmeerraum. Bei uns heimisch ist der verwandte, bei Nützlingen besonders beliebte Wilde Dost, der auch im Garten leicht zu ziehen ist und der sich gerne selbstständig macht. Auch wenn dieses Kraut vielleicht nicht ganz so würzig schmeckt wie die Sorten aus dem Mittelmeerraum – der Wilde Dost bietet viele Heilwirkungen. Er hilft bei Magen- und Darmproblemen, gegen Kopfschmerzen, wirkt antibakteriell und desinfizierend.

Wilder Dost für Raumspray

Mischen Sie getrocknete Blätter des Wilden Dosts (nicht des Pizza-Oreganos) mit Rosmarin, Lavendel-Blüten und ein bis zwei Esslöffeln der Zitronen-Verbene. Köcheln Sie die Kräuter in einem halben Liter Wasser ca. 15 Minuten lang. Dann abseihen, abkühlen lassen und in eine Sprühflasche füllen. In den Raum gesprüht, wirkt der Tee positiv auf das Raumklima; er kann aber auch als erfrischendes Körperspray verwendet werden.

Uschi liebt den wilden Duft des Thymians, der durch seine Inhaltsstoffe sogar desinfizierend wirkt, und verwendet gerne einen selbst gemachten Raumspray.

Vielseitiges Bohnenkraut

Ob einjähriges Sommer- oder mehrjähriges Winter-Bohnenkraut: Die beste Heilkraft haben die Kräuter kurz bevor sie anfangen zu blühen. Bohnenkraut hilft gegen Schwellungen und Schmerzen nach Insektenstichen, wenn man das gequetschte Kraut auf die betroffene Stelle gibt. Auch wirkt es verdauungsfördernd.

TIPP

Bohnenkraut vermehren

Das Winter-Bohnenkraut lässt sich auch gut durch Absenker vermehren. Falls es im Garten einmal zurückfriert – einfach einen Trieb mit einem Haken in die Erde drücken und warten, bis er anwurzelt.

Zuckersüße Duftpelargonien

Duftpelargonien wirken beruhigend, entspannend und harmonisierend und werden sogar in der Burnout-Prävention verwendet. Ein mit Duftpelargonien aromatisierter Zucker verleiht Mehlspeisen und Erfrischungsgetränken eine besondere Note. Für die Zubereitung benötigen Sie Kristallzucker, Blätter einer Duftpelargonie, Blütenblätter ungespritzter Rosen, Kardamom und 1 bis 2 Vanilleschoten. Füllen Sie eine Schicht Zucker in ein Glas, dann einige Blätter der Geranie darauf, danach eine Schicht Rosenblüten, dann wieder Zucker. Dazwischen den gequetschten Kardamom und die Vanilleschoten geben. Anschließend wieder Rosenblüten, Pelargonienblätter und Zucker ganz nach Belieben schichten. Die letzte Schicht muss unbedingt wieder Zucker sein. Verschließen Sie das Glas und lassen Sie es fünf bis sechs Wochen stehen.

Eine süße Köstlichkeit lässt sich einfach aus Zucker und den Blättern der Duftpelargonie bereiten.

Verwendung von „wilden“ Blättern und Früchten

Wer im Rasen „Wildwuchs“ zulässt, kann für seine Küche aus dem Vollen schöpfen. Dazu ist es aber natürlich notwendig, ihn völlig giftfrei zu halten und auch keine Mineraldünger zu verwenden. Nur so können die köstlichen und gesunden Kräuter gut gedeihen und bedenkenlos verzehrt werden. Aber auch in Gemüsebeeten siedeln sich Wildkräuter wie Löwenzahn an, wenn Sie es zulassen!

Wildkräuter für die Küche

Die Vielfalt der Wildkräuter ist beachtlich. An dieser Stelle kann nur eine Auswahl bzw. eine Empfehlung gegeben werden. Nachfolgend sind Wildkräuter genannt, die nicht nur leicht zu finden sind, sondern sich auch gut und gerne im Garten ansiedeln und sich zudem für die Zubereitung einer schmackhaften Kräuterbutter eignen.

- Breit-Wegerich *(Plantago major)*
- Brennnessel *(Urtica dioica)*
- Echter Salbei *(Salvia officinalis)*
- Gänseblümchen *(Bellis perennis)*
- Gefleckte Taubnessel *(Lamium maculatum)*
- Gundelrebe *(Glechoma hederacea)*
- Johanniskraut *(Hypericum perforatum)*

Aus den Blüten des Löwenzahns lässt sich ein süßer Honigersatz herstellen, die Blätter eignen sich für einen vitaminreichen Frühlingssalat.

- Löwenzahn *(Taraxacum officinale)*
- Minze *(Mentha sp.)*
- Wiesen-Klee *(Trifolium pratense)*
- Wiesen-Salbei *(Salvia pratense)*
- Ysop *(Hyssopus officinalis)*

Alleskönner Löwenzahn

In der sonnengelben Blume, die ihren Namen den raubtierzahnähnlichen Blättern verdankt, steckt mehr, als man im ersten Moment erkennen kann. Sie ist nämlich von Kopf bis Fuß genießbar – die Blüten z. B. für den Löwenzahnhonig, die Blätter für einen herrlich vitaminreichen Frühlingssalat und die Wurzeln für einen Entschlackungstee.

Der Löwenzahn zählt zu den besten Leber-Galle-Mitteln, denn er aktiviert den Stoffwechsel und regt die Produktion von Magensaft und Gallensekret an. Die Wurzel wurde früher sogar geröstet und als Kaffee-Ersatz verwendet.

TIPP

Rezept Löwenzahnblütenhonig

- Zwei Handvoll Löwenzahnblüten,
- 500 g Honig,
- einige Kapseln Kardamom,
- eine Vanilleschote.

Zupfen Sie die gelben Zungenblüten von den grünen Hüllblättern in ein Einmachglas und gießen Sie den Honig darüber. Den Kardamom in einem Mörser zerstoßen und samt der Vanilleschote in den Honig streuen. Lassen Sie den Löwenzahnhonig zwei bis drei Wochen an einem warmen, sonnigen Platz reifen. Anschließend abseihen.

Sonniges Johanniskraut

Dieses Kraut hat seinen Namen nach Johannes dem Täufer bekommen,weil es zu Johanni (am 24. Juni) in voller Blüte steht. Die Sonnenpflanze wird bereits seit der Antike zu Heilzwecken gebraucht. Seine stimmungsaufhellende Wirkung war schon im Mittelalter bekannt. Das Echte Johanniskraut ist eine heimische Wildpflanze, die häufig an sonnigen und mageren Standorten wächst. Das Öl hilft bei Gicht, Rheuma, Zerrungen und vielem mehr, und bei depressiven Verstimmungen bereitet man einen Tee aus getrockneten Blüten.

Johanniskrautöl sollte in keiner Hausapotheke fehlen. Die Herstellung des Öls ist einfach. Das blühende Kraut bei sonnigem Wetter frisch schneiden, leicht quetschen und in ein Glas geben. Mit kalt gepresstem Olivenöl übergießen, verschließen und dann - ca. zwei Monate an einen sonnigen Ort stellen, danach abseihen und in eine dunkle Flasche füllen. Kühl und dunkel aufbewahrt ist es mehr als ein Jahr haltbar. Johanniskrautöl kann auch die Beschwerden bei einem Sonnenbrand lindern. Nach der Anwendung von Johanniskraut sollte man sich allerdings umso mehr vor der Sonne schützen, denn die Wirkstoffe erhöhen die Lichtempfindlichkeit.

Die Herrstellung von Johanniskrautöl ist einfach – dunkel gelagert hält es über ein Jahr.

Nutzen der Wildsträucher

Heilende Substanzen finden sich in großen Mengen in Heilkräutern, aber genauso in Obst und Gemüse und in den Blättern und Früchten der Wildsträucher. Die Inhaltsstoffe der „wilden" Gehölze haben auf das Wohlbefinden oft einen großen Einfluss. Und so sollten beim Naschen z. B. von Brombeeren ganz nebenbei auch ein paar Blätter für den Tee gepflückt werden. Wer also den Schritt von den Gartenkräutern zu den Wildkräutern wagt, ist längst unterwegs, um beim nächsten Spaziergang auch die nutzbaren Teile der Sträucher zu sammeln.

Brombeerblätter zur Wundheilung

Brombeeren wachsen in sonnigen und halbschattigen Lagen, z. B. an Waldrändern, auf Lichtungen oder auch in Hausgärten. Obwohl die Beeren herrlich schmecken und nur so vor Vitaminen strotzen, sind es die Blätter, die die Brombeere zur Heilpflanze machen. Bei kleinen Verletzungen im Mundbereich hilft das Spülen mit einem Brombeerblättertee. Die zusammenziehende Wirkung unterstützt die Wundheilung nach einem Zahnarztbesuch. Übergießen Sie dazu zwei Teelöffel getrocknete Brombeerblätter mit einer Tasse kochendem Wasser, lassen den Aufguss 10 Minuten zugedeckt ziehen, seihen den Tee ab und verwenden ihn lauwarm zweimal täglich.

Uschi bereitet ihren Haustee namens „Waldelf" zu. Die Mischung besteht aus einer Handvoll Brombeerblätter, einer halben Tasse Himbeerblätter, 3 EL Brombeeren, 2 EL Malvenblüten, 1 EL Pfefferminze und 1 EL Ringelblumenblütenblätter – alle Zutaten gut getrocknet verwenden!

Vitaminbombe Hagebutte

Die Früchte der Heckenrose sind bekannt für ihren Reichtum an Vitamin C. Das ist vor allem im Herbst von großer Bedeutung, weil sich in dieser Zeit das Immunsystem über jede Unterstützung freut. Sie können die Hagebutten selbst ernten, entkernen, spülen und trocknen oder natürlich einfach in der Apotheke kaufen.

Es gibt eine gute Möglichkeit, Beikräuter im Zaum zu halten – einfach essen!

TIPP

Heiße Hetscherl-Bowle

- 3 bis 4 EL frische und entkernte oder getrocknete Hagebutten
- 5 EL Hagebuttenmarmelade
- 2 EL Rosinen
- 5 Gewürznelken
- 1 Zimtstange
- verschiedene frische Beeren wie Heidelbeeren oder Brombeeren
- 1/16 l Sanddornsaft
- 1/8 l Orangensaft
- Honig zum Süßen

Übergießen Sie Hagebutten, Marmelade, Rosinen, Gewürznelken und die Zimtstange mit einem halben Liter heißem Wasser und lassen Sie das Ganze ca. 8 Minuten lang ziehen. Danach den Sanddornsaft und den Orangensaft einrühren, mit Honig abschmecken und mit einem Hagebuttenzweiglein servieren.
Diese vitaminreiche Bowle schmeckt gut und beugt Erkältungen vor.

Die Hetscherl-Bowle aus Hagebutten ist eine alkoholfreie Alternative für heiße Herbstabende.

Obst

Die Kirschblüte im Mai – ein Fest im Garten. Und nur wenige Wochen später ein Fest für den Gaumen bei der Ernte. Wer da nur noch auf Zierkirschen setzt, der ist selbst schuld. Obstbäume im eigenen Garten – ob Apfel, Birne, Zwetschke oder Marille, da erlebt man nicht nur den Jahreslauf im Garten besonders intensiv, sondern hat den Genuss pur. Ein wenig Geduld ist schon notwendig, denn vom Pflanzen eines Baumes bis zur Ernte dauert es ein wenig. Doch keiner muss ungeduldig werden! Es gibt ja das flotte Beerenobst als Überbrückung: Monatserdbeeren oder die berühmte Erdbeere 'Mieze Schindler' – die sind flott im Wachstum und versprechen schnell köstliche Früchte. Rasche Ernten gibt es auch bei Himbeeren, Brombeeren oder Ribiseln. Sie alle lassen sich selbst in ganz kleinen Gärten, ja sogar auf der Terrasse oder am Balkon pflanzen. Das erste Dessert, zubereitet aus erntefrischen Beeren, oder das Obst vom eigenen Baum wird mit Sicherheit das Köstlichste sein, das sie je zubereitet haben. Später dann, wenn die Erntemengen größer werden, gehört es zum Jahreslauf, die Früchte zu Marmeladen und Kompott zu verarbeiten. Dann ist es auch bei Ihnen so, dass das Gartenjahr nie zu Ende geht. Selbst im tiefsten Winter sind beim Öffnen des Marillenmarmeladeglases die Gedanken im letzten Sommer …

Von der Blüte bis zur Frucht

Obst bringt fruchtige Süße in den Garten. Während Gemüse hauptsächlich für pikante Speisen verwendet wird, lassen sich Apfel & Co sowohl in der Küche, als auch frisch verwenden. Und das mit Genuss: Denn Obst schmeckt, ist gesund und aktiviert Körper und Geist – was will man mehr?
Sie haben nicht viel Platz im Garten? Auch das macht nichts, denn Beerenfrüchte lassen sich auf kleinstem Raum ziehen und für einen kleinwüchsigen Apfelbaum ist meist auch in schmalen Gärten Platz.

Baum ist nicht gleich Baum

Die Palette reicht vom Obsthain mit einer Vielzahl an Arten und Sorten bis zu schlankem Spindel- und Spalierobst – die Auswahl der passenden Wuchsform ist je nach vorhandener Fläche das Um und Auf. Obstbäume werden auf Unterlagen – das sind andere Obstbaum-Arten, die vor allem Wuchs-eigenschaften und Standortansprüche, aber auch die Resistenz gegen Krankheiten und Schädlinge prägen – veredelt. Die Krone des Unterlagebäumchens wird dazu abgeschnitten und eine Edelsorte daraufgesetzt. Die Veredlungsstelle ist übrigens gut erkennbar – an dieser Stelle ist der Stamm dicker. Kleine Baumformen wie Spindel, Buschbaum oder Spalierobst werden auf schwachwüchsigen Unterlagen veredelt, während die großen Formen wie Halbstamm oder Hochstamm starkwüchsige Unterlagen voraussetzen. Wie groß ein Baum wird, hängt aber auch ganz einfach von der Obstart ab. Ein Marillenbaum wird niemals eine ähnlich große Krone wie ein Kirschbaum entwickeln.

Blühende Obstbäume im Frühling lassen auf gute Ernte hoffen.

Die wunderschönen Obstblüten dürfen nicht frieren, sonst kommt es zu Erntenausfällen. Schon so mancher Spätfrost hat der Pracht ein Ende gesetzt.

Kirschbäume brauchen mehr Platz als Marillen oder Pfirsiche – süße Früchte tragen die einen wie die anderen.

Gut gepflanzt ist halb gewonnen!

In einen guten, lehmigen und durchlässigen Gartenboden gepflanzt, gedeiht bei richtiger Sortenwahl und ausreichend Sonnenschein praktisch jede Obstpflanze. Verbessern Sie schwere Böden mit Sand und Kompost und lockere Böden mit Kompost und Bentonit. Auch guter Gartenerde sollte etwas Kompost und Quarzsand beigemischt werden.

Wurzelnackte Pflanzen wachsen in manchen Fällen sogar besser an als Containerpflanzen – die Wurzeln sollten aber vor der Pflanzung angeschnitten werden. Pflanzen Sie im Herbst, können die Bäume bei Bodentemperaturen über 5 °C noch gut einwurzeln und haben im folgenden Frühling einen klaren Startvorteil. Sind diese Temperaturen nicht mehr gegeben, sollten Äpfel und Birnen nicht mehr gesetzt werden. Eine Pflanzung zu spät im Jahr gilt es also unbedingt zu vermeiden!

Die Baumgrube sollte ausreichend tief und breit ausgegraben werden. Die Faustregel besagt: Das Loch mindestens doppelt so groß wie der Wurzelballen, bzw. wie die Länge der nackten Wurzeln im Durchmesser ausheben. Zum Schutz vor Wühlmäusen können die Wurzeln in einen ausreichend großen Gitterkorb aus verzinktem Sechseckgeflecht gepflanzt werden. Der Stützpfahl darf auch bei Obstbäumen nicht fehlen und die verdickte Veredlungsstelle muss über der Erdoberfläche bleiben – nicht zu tief pflanzen!

TIPP

Duftende Baumscheiben

Verschiedene Kräuter, vor allem Minzen, können im Obstgarten auf die Baumscheiben gesetzt werden. Hier eignen sich Minzen, die auch im Halbschatten – die Pfefferminze sogar im Schatten – gut gedeihen, und an dieser Stelle nach Lust und Laune wuchern dürfen. Wuchern sie in den Rasen, werden sie einfach mit dem Rasenmäher im Zaum gehalten. Auch Fruchtsalbei, Zitronenmelisse und Frauenmantel gedeihen unter Obstbäumen gut. In den ersten Jahren nach der Pflanzung sollten die Baumscheiben aber besser frei gehalten werden und eine Unterpflanzung bei kleinwüchsigen Unterlagen ist ebenfalls nicht ratsam.

Himbeeren können noch spät im Herbst geerntet werden: Voraussetzung dafür ist, herbsttragende Sorten, wie z. B. 'Autumn Bliss', zu pflanzen.

Der Naschgarten

Ein paar Beerensträucher finden in jedem Garten Platz, sind anspruchslos und pflegeleicht. Das Naschen der Früchte hingegen ist immer ein Erlebnis! Bei jedem Vorbeigehen lassen sich reife Beeren ernten und Kinder lieben die süßen Früchtchen ganz besonders. Ein Naschgarten mit Beerenobst ist also auch die beste Variante für intelligente, faule Gärtnerinnen und Gärtner, um frisches Obst selbst zu ziehen.

Beerenvielfalt

Beerensträucher bieten nicht nur puren Genuss, sie eignen sich auch hervorragend als Gestaltungselement im Garten. Schnell kann mit Himbeeren, Brombeeren oder Ribiseln ein Sichtschutz oder eine Abgrenzung gepflanzt werden. Von der Blüte bis zur Frucht – der Wechsel der Jahreszeiten wird mit Beerensträuchern deutlich spür- und erlebbar. Aber es gibt auch die kleinen unter den Beeren: Erdbeeren peppen jeden Gemüsegarten auf und die nahe verwandten Walderdbeeren eignen sich sogar als Bodendecker. Warum also nicht einmal mitten im Ziergarten die Unterpflanzung statt aus Kriechmispel *(Cotoneaster)* mit Walderdbeeren *(Fragaria)* anlegen?

Vermehrung durch Absenker

Viele Beerensträucher können leicht durch sogenannte Absenker vermehrt werden. Nehmen Sie einen seitlichen Trieb, z. B. einer Stachelbeere, schneiden diesen ein und fixieren Sie den Trieb am Boden. Um die Wurzelbildung zu fördern, können Sie ein Getreidekorn in die Schnittstelle klemmen. Dann noch gut abgelagerten Kompost daraufgeben und in ca. einem halben Jahr ist der Trieb so gut angewurzelt, dass Sie ihn von der Mutterpflanze trennen können. Absenker lassen sich auch bei Ribiseln und Jostabeeren leicht machen.

Vermehrung durch Absenker

Die Vermehrung durch Absenker zählt zu den einfachsten Methoden – einen Trieb einschneiden, Samenkorn einklemmen, absenken und anwurzeln lassen!

Viele Beerensträucher wie Ribiseln lassen sich einfach durch Absenker vermehren.

Vermehren durch Ausläufer

Auch Erdbeeren lassen sich leicht selbst vermehren. Sie treiben im Frühsommer sogenannte Stolonen, das sind oberirdische Ausläufer. Die „Kindeln“, die an diesen Ausläufern entstehen, lassen sich von der Mutterpflanze trennen und können im nächsten Jahr als neue Pflänzchen gesetzt werden. Sie sollten sogar abgeschnitten werden, da sie die Mutterpflanze schwächen. Erdbeeren, die zwischen April und Mai neu gepflanzt werden, tragen im folgenden Jahr Früchte und bilden Ausläufer. Kauft man Erdbeeren im Topf, dann gibt es meist schon nach wenigen Wochen die erste Ernte. Setzen Sie Erdbeeren immer in der richtigen Pflanztiefe, denn sie nehmen es Ihnen besonders übel, wenn sie zu tief oder zu hoch sitzen. Der Wurzelhals (das Herz) der Pflanze sollte etwas über der Erde liegen.

Vermehrung durch Ausläufer

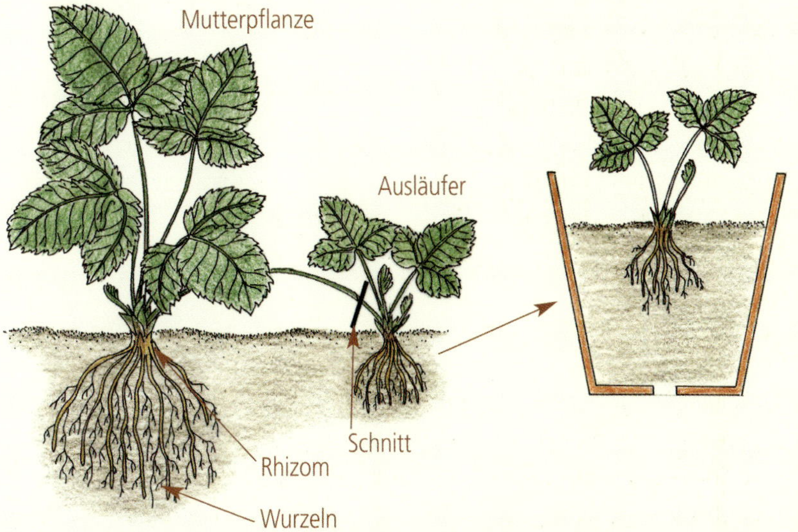

Nützliches Ohrwurmhäuschen

Bauen Sie einen Ohrwurmtopf, um den Nützlingen in Ihrem Garten ein Zuhause zu bieten! Ohrwürmer sind neben Marienkäfern und Florfliegen wichtige Gegenspieler der Blattläuse. Nehmen Sie dazu einen Tonblumentopf und ziehen Sie durch das Abzugsloch eine Schnur. In den Topf kommt Holzwolle, in der sich die Ohrwürmer einnisten können. Das Ende der Schnur binden Sie am besten um ein kleines Holzstöckchen, das hält die Holzwolle im Topf und Sie können den Topf daran aufhängen. Damit sich die Ohrwürmer möglichst rasch im Topf ansiedeln, legen Sie ihn für zwei bis drei Wochen unter eine Hecke. Dann hängen Sie den Topf an einem Baum so auf, dass der Rand den Stamm berührt, oder aber Sie stecken ihn auf einen Holzpflock und platzieren das „Häuschen" z. B. zwischen Beerensträuchern. In der Nacht gehen die Ohrwürmer auf Blattlausjagd. Sind keine Blattläuse mehr zu sehen, nehmen Sie den Topf einfach wieder ab.

Ohrwurmhäuschen sind ein Zuhause für Ohrwürmer und ein typisches Element des Naturgartens.

Süße Erdbeeren

Sie wird als die Königin der Beeren bezeichnet und das nicht ohne Grund. Lieben Sie nicht auch den fruchtig süßen Geschmack und warten Sie nicht jedes Jahr schon sehnsüchtig auf den Juni, um endlich ernten zu können? Erdbeeren zählen zu den Stauden und zur Familie der Rosengewächse. Neben den Gartenerdbeeren, die auch Ananas-Erdbeeren genannt werden, gibt es Monatserdbeeren, Wiesenerdbeeren

Zu den begehrtesten Naschfrüchten zählen die Erdbeeren mit ihrem unvergleichlich süßen Aroma.

Erdbeeren pflanzen Sie von April bis Juli, um die ersten Früchte im Folgejahr zu ernten.

und Walderdbeeren, die zwar kleinfrüchtiger sind, aber andere positive Eigenschaften vorweisen können. Wiesenerdbeeren schmecken z. B. genauso intensiv wie Ananas-Erdbeeren, sind aber zudem als Bodendecker geeignet, während Monatserdbeeren sogar mehrmals tragen.

Erdbeeren sollten immer spätestens nach der Blüte mit Stroh gemulcht werden, um Unkraut nieder zu halten, und vor allem die Früchte – die dann nicht direkt am Boden aufliegen – zu schützen.

TIPP

Beeren für den Balkon

Für Balkon oder Terrasse gibt es auch Erdbeeren, die man in Töpfe oder Ampeln pflanzen kann. Mit organischem Dünger versorgt und vor zu viel Regen geschützt, sorgen diese Hängeerdbeeren wochenlang für saftig-rote Früchte.

Kampf gegen Schnecken

Schnecken können zu einem großen Problem im Garten werden. Die Früchte der Erdbeeren z. B. lieben sie besonders. Legen Sie auf die Wege zwischen den Beeten Holzbretter, die Tiere verstecken sich darunter und legen dort ihre Eier ab. Abends können Sie dann die Schnecken und deren Eier absammeln und am besten mit heißem Wasser überbrühen. Sammeln Sie außerdem die Schnecken zusätzlich am späten Abend oder zeitig am Morgen ein! Unter Steinen, dichtem Laubwerk und an feuchten Stellen findet man sie manchmal in Massen. Das ist aber nicht in jedem Garten der Fall. Wo Igel, Ringelnattern, Blindschleichen Laufkäfer und Kröten zu Hause sind, gibt es weniger Probleme, denn sie sind die natürlichen Feinde der Schnecken – es ist daher wichtig, für sie einen Unterschlupf im Garten zu schaffen.

Äpfel sind für Österreichs Gärten besonders typisch – die verschiedenen Sorten eignen sich für unterschiedliche Lagen und Böden.

Mein Apfelbaum

Der Apfelbaum ist nicht irgendeine Obstsorte in Österreich – der Apfelbaum hat einen besonderen Stellenwert. Äpfel werden in unserem Land jahrein, jahraus sehr gerne verspeist. Schlägt man ein österreichisches Kochbuch auf, finden sich zahlreiche Rezepte, deren Grundzutat der gute alte Apfel ist. Und so haben sich über die Jahrhunderte viele Sorten entwickelt, die vor allem auch für den Hausgarten bestens geeignet sind.

Fruchtfolge bei Äpfeln

Wie im Gemüsegarten ist es auch im Obstgarten von Bedeutung, für eine Fruchtfolge zu sorgen. Fruchtfolge und Mischkultur sind Grundprinzipien des natürlichen Gärtnerns. Am besten ist es, nach einem Apfel möglichst nicht wieder ein Rosengewächs zu setzen, was aber nicht ganz einfach ist, zumal die meisten Obstarten zur Familie der Rosaceae zählen. Setzen Sie zumindest – wenn schon aus der gleichen Pflanzenfamilie – ein Steinobst danach. Birne auf Apfel folgen zu lassen, ist besonders schlecht, weil dadurch die Bodenbedingungen für die ähnliche Art immer schlechter werden: Man spricht von Bodenmüdigkeit durch einseitige Nährstoffauslaugung, Ansammlung von Schad- und Hemmstoffen sowie Schadorganismen, auf die besonders diese Gewächse empfindlich reagieren.

TIPP

Monilia bekämpfen

Es gibt eine lästige Pilzkrankheit namens Monilia, die Schäden an Früchten und die sogenannte Spitzendürre zur Blütezeit an den Zweigen auslöst. Die faulen Früchte mit weißem Sporenbefall müssen vom Baum entfernt und vernichtet werden. In der Mitte des Komposts können sie aber gut verrotten. Monilia an Zweigen tritt selten bei Äpfeln auf, schädigt aber umso mehr das Steinobst.

Mitten im Apfelhain moderiert Karl Ploberger die Sendung „Natur im Garten“. Die Grundprinzipien einzuhalten, verhilft allen Pflanzen – egal ob Zier- oder Nutzgewächsen – zu gesundem Wachstum.

'Bohnapfel'

Alte Apfelsorten neu entdeckt

Gerade im Hausgarten zählen andere Obsteigenschaften stärker als im Erwerbsobstbau. Weder Transportwege noch genormtes Aussehen sind hier wichtig. Die Wiederentdeckung der Apfelsorten aus Großmutters Obstgarten hat schon längst begonnen. Dabei wird besonderer Wert auf Geschmack und Widerstandsfähigkeit gelegt.

Die Apfelsorte 'Kronprinz Rudolf' kann man z. B. sowohl im Liebhaber- als auch im Erwerbsanbau als altbewährte Sorte bezeichnen. Sie reift Ende September und ist bis in den Jänner hinein lagerfähig. Die Frucht ist klein bis mittelgroß, gelblichgrün mit roter Wange. Der Baum wächst stark aufrecht, ist aber leider doch schorfanfällig. Dafür sind diese Bäume gute Pollenspender und somit geeignete Befruchtungspartner für andere Äpfel.

'Kronprinz Rudolf'

Der gute, alte 'Bohnapfel' mit den ebenfalls eher kleinen Früchten gehört zu den lange haltbaren Essäpfeln und reift Mitte Oktober. Bäume dieser Sorte wachsen mittelstark und eher gedrungen und benötigen nicht so viel Platz.

'Erdbeerapfel' – was für ein ansprechender Name! – wird auch 'Rheinischer Krummstiefel' oder 'Krummstingel' genannt. Die Früchte sind größer als die des 'Bohnapfels', hellorange bis gelb gefärbt und oft bis zur Hälfte karminrot gestreift. Der Baum benötigt ausreichend Platz und ist dann widerstandsfähig gegenüber Frost und Pilzkrankheiten.

'Erdbeerapfel'

Sortenempfehlungen für den Hausgarten

Ein Apfel, frisch vom Baum gepflückt; eine Birne, so saftig, dass sie einem den Mund wässrig macht; Marillen wie Marmelade oder Kirschen ohne Würmer. Wer jetzt ins Schwärmen gerät, muss nur noch überlegen und entscheiden, welcher Baum, vor allem aber welche Sorte für seinen Garten geeignet ist.

Es gibt zahlreiche Obstsorten – überlegen Sie, probieren und studieren Sie das Angebot!

Viele Obstarten sind Fremdbefruchter – sie brauchen einen zweiten Baum als Befruchtungspartner, damit sich Früchte entwickeln können.

Der Trend zum naturnahen Gärtnern hat die resistenten Obstsorten ins Blickfeld gerückt.

Die besten Äpfel

Als Sommerapfel sind 'Piros', 'Jamba' und 'Discovery' besonders widerstandsfähig gegen Krankheiten. Köstliche und robuste Herbstäpfel sind 'Alkmene', 'Spartan' und 'Elstar'. Und bei den Winteräpfeln – dem Lagerobst – sei 'Florina' an erster Stelle genannt. Schon seit ewigen Zeiten beliebt sind der 'Steirische Maschanzker' und der 'Rote Boskop'.

Die besten Birnen

Bei den Birnbäume ist 'Clapp's Liebling' sehr gefragt: „Die zergeht auf der Zunge", lautet eine überzeugende Bewertung. Eindrucksvoll – alleine wegen der Fruchtgröße – und ein Hochgenuss ist auch 'Alexander Lukas'.

Aus den Früchten des Holunders lassen sich viele Köstlichkeiten zubereiten. Die rohen Beeren enthalten aber Giftstoffe und dürfen erst nach dem Erhitzen verspeist werden.

Die besten Kirschen

Um mit Kirschen eine wirkliche Freude zu haben, sollte man auf die Unterlage achten – also jener Baum, auf den dann die Fruchtsorten gepfropft werden. 'Gisela 5' ist die beste Veredelungsunterlage, denn diese Bäume werden nur 4 bis 5 Meter hoch. Bei den Sorten kann man auch eine ganz frühe wie 'Burlat' oder eine ganz späte wie 'Regina' wählen. Bei beiden ist die Chance sehr groß, dass die Krischen wurmfrei bleiben, da zur entsprechenden Zeit die Kirschfruchtfliege noch nicht oder nicht mehr unterwegs ist, um ihre Eier abzulegen. Nicht vergessen: Ein zweiter Kirschbaum muss bei sehr vielen Sorten in der Nähe sein, sonst gibt es keine Befruchtung!

Die besten Zwetschken

Auch bei den Zwetschken sind mindestens zwei Bäume notwendig, die als gegenseitige Befruchter dienen. Unheimlich große Früchte bringt 'Cacaks Beste' (auch 'C. Schöne') mit bis zu sieben Zentimeter großen Früchten. Bewährt sind die 'Hauszwetschke' und die Sorten 'Hanita' und 'Stanley'.

Die beste Marille

An einer West- oder Ostseite des Hauses als Spalier gepflanzt, bringt ein Marillenbaum schon nach wenigen Jahren oft große Ernten, wenn zwei Dinge beachtet werden: Die Unterlage muss ein Zwetschkenbaum sein (und keine Marille wie bei Baum-Importen aus dem Ausland) und als Sorte ist die 'Ungarische Beste' unübertroffen.

TIPP

Wildobst – naturnah und gesund

Wildsträucher passen besonders gut in den Naturgarten. Viele haben einen großen Zierwert und bieten ein Zuhause für Vögel und andere Nützlinge. Wildobst hat in den letzten Jahren zudem Einzug in die Gourmetküche gehalten. Die wilden Früchte sind meist besonders vitaminreich und würzig im Geschmack.
Ob Hagebutte *(Rosa canina)*, Schlehdorn *(Prunus spinosa)* oder der Schwarze Holunder *(Sambucus nigra)* – sie alle zählen zu den Wildsträuchern und bilden interessante Früchte. Beim „Holler" lassen sich sowohl Blüten als auch Früchte nutzen. Hollerkoch oder gebacken Blüten – was immer Sie bevorzugen, dieser Strauch hat einiges zu bieten.

Gestaltung

Einen Garten neu zu gestalten ist in etwa so, als ob man ein unbeschriebenes Blatt Papier vor sich liegen hat und beginnt, darauf zu zeichnen. Es ist eine Herausforderung, sein ganz persönliches grünes Paradies zu schaffen, auch eine, bei der man manchmal ziemlich ins Schwitzen kommt. Daher ist das zitierte „Blatt Papier" auch ganz bedeutend: Zuerst planen und dann erst zum Spaten greifen. Planen kann man natürlich selbst, aber wenn die Erfahrung fehlt, dann gibt es dafür Profis: Landschaftsgärtner, Gartengestalter, Vereine … Und noch etwas hilft: die Neugierde. Die Londoner Times hat einmal geschrieben: „England ist ein Land der Gartenvoyeure." Ganz einfach deshalb, weil in diesem Land die ersten Privatgärten für Besucher geöffnet wurden und noch immer geöffnet werden. So wie nun auch bei uns: Eine bessere Möglichkeit, Ideen und Erfahrungen zu sammeln gibt es nicht! Gartenschauen sind „begehbare Gartenideenbücher". Mit Notizblock und Kamera ausgerüstet, entsteht Schritt für Schritt ein Bild. Ein Gemälde vom Paradies, vom grünen Paradies für uns Menschen, von einer Vielfalt an Pflanzen und einer Oase für Tiere. Mit Geduld und Gelassenheit wird das Realität, wovon wir Menschen träumen: ein friedliches, buntes Miteinander. Lassen wir die Träume wahr werden!

Die Planung des Gartens

Einen Garten muss man nicht in einem Stück anlegen. Eine Schritt für Schritt-Strategie ist sogar sinnvoll, weil dabei Zeit- und Kostenrahmen überschaubar bleiben.

Ein gemütlicher, geschützter Sitzplatz inklusive Rosenduft – wer kann hier widerstehen?

Die Schritt für Schritt-Strategie

1. Die Grundplanung

Setzen Sie sich mit allen Gartenmitbenutzern zusammen und schreiben Sie eine Wunschliste. Viele Bedürfnisse können befriedigt werden und es muss trotzdem nicht teuer sein. Legen Sie dabei die Gestaltungselemente, die Ihr Garten unbedingt enthalten soll, fest. Überlegen Sie sich schon jetzt, wo Sie neben der Terrasse einen zweiten Sitzplatz haben wollen. Wo soll einmal ein Teich entstehen, wo die Blumen, Gemüse- oder Kräuterbeete hinkommen? Beachten Sie dabei auch den Sonnenverlauf in Ihrem Garten. Südseitige Plätze brauchen schattenspendende Bäume oder Schattenkonstruktionen. Wer tagsüber wenig zu Hause ist, kann an einem westseitigen Sitzplatz die Abendsonne genießen – all das gilt es zu bedenken.

2. Wegeführung überlegen

Der Garten wird durch Wege erschlossen, Ausgangspunkt dafür ist das Haus. Wichtige Verbindungswege sind direkt und zielgerichtet, etwa zum Eingangstor oder zur Garage, anzulegen. Sie müssen belastbar sein und eine bequeme Breite haben.

3. Räume bilden

Die Gliederung in Räume macht große Gärten übersichtlicher und lässt kleine Gärten größer wirken. Gärten, die man auf einen Blick erfassen kann, werden schnell langweilig, Bereiche, die man beim Spazieren durch den Garten entdecken muss, bleiben aber interessant. Zum Bilden der Räume, als „Raumteiler", eignen sich Hecken, Mauern, Pergolen und Rankgerüste.

4. Mit häufig genutzten Bereichen beginnen

Beginnen Sie mit dem Gartenbereich rund um die Terrasse – er wird am meisten genutzt und ist vom Haus aus am besten einsehbar. Und natürlich auch mit dem Vorgarten, damit das tägliche nach Hause kommen zur Freude wird. So können Sie jeden Gartenraum nach und nach gestalten und bepflanzen.

Mit Hecken lassen sich Gartenräume abgrenzen. Wildrosen, Holunder und viele mehr eignen sich für eine naturnahe Hecke.

TIPP

Gute Nachbarschaft

Nehmen Sie Kontakt mit Ihren Nachbarn auf. Viele Gartenbesitzer tauschen oder verschenken gerne Stecklinge oder Teilstücke von zu üppig gewordenen Pflanzen. Nachbarschaftlicher Pflanzentausch schont die Geldbörse und hat einen weiteren Vorteil: Was in benachbarten Gärten gut wächst, kommt sicher auch mit den Bedingungen ein Grundstück weiter zurecht – mit Anwachsgarantie sozusagen.

Ein Hanggarten

Gärten am Hang werden oft als Nachteil empfunden, dabei ist gerade die „schräge" Lage ein Ansporn für die Kreativität. Sogar das Element Wasser lässt sich im Hanggarten unterbringen. Ein Badeteich im Hang sollte zwar den Gestaltungsprofis überlassen bleiben, aber Bachlauf und Wasserfall funktionieren hier fast von selbst.
Gelände mit ausgeprägtem Höhengefälle müssen terrassiert werden, damit ein Garten entstehen kann. Um diese Terrassen abzusichern, eignen sich Trockensteinmauern und bepflanzte Böschungen genauso wie Abstützungen aus Holz. Die so entstehenden Gartenräume werden zusätzlich durch Zier- und Naschhecken gegliedert und

Ein schmaler Garten

Schmale, lange Grundstücke sind eine besondere Herausforderung. Räume bilden, lautet auch hier das Gebot der Stunde, das strukturiert den Garten und schafft Bereiche, um unterschiedliche Gartenthemen zu inszenieren. So reihen sich z. B. Vorgarten, Haus mit Terrasse, Rosengarten, Gemüse-Naschgarten und Wassergarten zwanglos und wie natürlich aneinander. Verbunden werden sie durch Wege, deren Belag an den jeweiligen Bereich angepasst ist. Bei der Pflanzenauswahl steht neben den Standortverhältnissen und ganz persönlichen Vorlieben der Gesamteindruck im Vordergrund.

Sogar ein Gartenteich lässt sich in einen Hanggarten harmonisch integrieren.

sind über Treppen und Wege erreichbar. Stark geneigte Bereiche lieber mit Stauden bepflanzen, auf ebenen Flächen ist aber auch die Rasenpflege kein Problem.

Ein kleiner Garten

Je kleiner ein Garten, umso mehr Raffinesse erfordert die Gestaltung. Hier ist es wichtig, die wesentlichen Nutzungselemente unterzubringen – einen Sitzplatz zum Essen und Plaudern, ein Kräuterbeet und etwas Beerenobst zum Naschen, vielleicht noch ein kleines Wasserbecken – mehr geht sich im kleinen Reihenhaus- oder Innenhofgarten nicht aus.
Natürlich soll ein Minigarten auch „in der Höhe" gestaltet sein, auch hier muss es grünen und blühen. Wenn Bäume und Sträucher zu viel Platz brauchen, können Kletterpflanzen diese Funktion übernehmen. Noch besser genutzt ist der Raum, wenn die Kletterpflanzen auch noch Naschobst tragen, wie etwa Weinreben, Brombeeren oder Japanische Honigbeeren (Mini-Kiwis).

TIPP

Der Boden ist das Um und Auf

Je sorgfältiger die Bodenvorbereitung, desto weniger Arbeit gibt es später. Wurzelunkräuter entfernen, je nach Boden mit Kompost und Sand verbessern und gründlich auflockern, all diese Arbeiten sind vor der Bepflanzung am wirksamsten.

Platzsparend und individuell – der Sitzplatz unter dem Baum.

Eine Höhenstaffelung mit Stufen lässt kleine Gartenräume größer wirken.

- Weniger ist mehr: Entscheiden Sie sich im kleinen Garten für wenige Hauptpflanzen oder Hauptfarben.
- Dieses Prinzip gilt auch für die verwendeten Materialien. Ein ruhiger, einheitlicher Bodenbelag wirkt großzügiger als ein kunterbunter Mix. Drei unterschiedliche Materialien (z. B. Holz, Stein und Klinker) sind das Maximum.

Spaß am Garteln – Zeit und Geduld sind die wichtigsten Zutaten für das grüne Paradies.

Tipps zur Gestaltung kleiner Gärten

- Niveauunterschiede verleihen dem Garten Dynamik. Schon mit kleinräumigen Höhenstaffelungen, wie einer Stufe zwischen Terrasse und Garten, oder niedrigen Mauern erzeugt man spannende Gartenbilder.
- Auch kleine Gärten lassen sich in Räume unterteilen, mit geschnittenen Hecken, Rankgerüsten oder Sichtschutzelementen aus Holz. Sie beanspruchen wenig Platz und schaffen eine Kulisse für Blumenbeete oder besondere Pflanzen.
- Mit Pflanzen in Töpfen und anderen Gefäßen bleibt die Gestaltung flexibel. Abgesehen von den klassischen Kübelpflanzen lässt sich von Zwiebelblumen im Frühling über bunte Sommerblumen bis zum Gemüse Vieles im Topf kultivieren – wenn er groß genug und die tägliche Bewässerung im Sommer bewältigbar ist.

Stein und Klinker sind hier die Hauptmaterialien im Kräuter- und Gemüsegarten.

Zahlreiche duftende Pflanzen stehen zur Auswahl – die Duftpelargonie ist eine davon, die auch gut in Töpfen gedeiht.

TIPP

Es duftet!

Immer der Nase nach, dann sind Sie im Garten am richtigen Weg. Schaffen Sie sich Duftoasen, z. B. direkt beim Garteneingang mit dem Pfeifenstrauch *(Philadelphus coronarius)* oder mit duftendem Flieder. Die Auswahl an Duftpflanzen ist groß, Duftpelargonien wie die Sorte 'Lady Plymouth', die nach Pfefferminze riecht, oder duftende Damaszener-Rosen wie 'Jacques Cartier' sind zwei bewährte Beispiele darfür.

Gartenelemente für Kinder

Kinder sind die Gartenbesitzer von morgen – deshalb ist es auch besonders wichtig, ihnen den verantwortungsvollen Umgang mit der Natur, aber auch Spaß und Freude zu vermitteln. Ein kindgerechter Gartenbereich regt zum fantasievollen Spielen an. Handelsübliche Spielgeräte allein berücksichtigen das Bedürfnis nach Kreativität weniger als natürliche Spielräume. Mulden, Wasser, Steine, Verstecke zwischen Sträuchern, Balancier-Bäume, ein Naschgarten – all das kann und soll ein Garten für Kinder bieten.
Ein durch und durch gepflegter, ordentlicher Gartenraum lädt nicht zum Abenteuer ein. Lassen Sie den Kindern deshalb Bereiche zum freien Spiel, auch wenn es dort nicht so gepflegt aussieht. Kinder lieben Rückzugsorte, an denen sie ungestört sein können.
Aus Weidenruten lassen sich günstig und in kurzer Zeit solche Schlupfwinkel schaffen. Mit einjährigen Kletterpflanzen wie Feuerbohne *(Phaseolus coccineus)* oder Prunkwinde *(Ipomoea tricolor)* und einigen Stangen entsteht innerhalb weniger Wochen ein grünes Zelt.

Aus Weidenruten der Korbweide *(Salix viminalis)* oder der Salweide *(Salix caprea)* entsteht ein Weidenhaus.

PRAKTISCH GARTELN

Ein Strauchhaus für Kinder

Ein Strauchhaus kann sofort als Spielraum benützt werden. Zum richtigen Versteck wird es nach etwa drei Jahren, wenn sich der Pflanzenbestand geschlossen hat. Als Pflanzen eignen sich heimische Wildsträucher, die besonders robust sind, wie Blutroter Hartriegel *(Cornus sanguinea)*, Dirndlstrauch *(Cornus mas)*, Eberesche *(Sorbus aucuparia)*, Hainbuche *(Carpinus betulus)* und Wolliger Schneeball *(Viburnum lantana)*.
Die Sträucher werden in zwei Kreisen gesetzt:

1. Durchmesser des Innenraumes festlegen (ca. 1,5 bis 2 Meter)
2. Pflanzlöcher im Kreis setzen, Abstand ca. 60 bis 80 cm, nicht nacheinander, sondern zueinander versetzt (zickzack) – das macht das Strauchhaus dichter.
3. Eingang nicht vergessen!

Im besten Falle fügen sich Material und Verlauf des Weges ganz harmonisch ins Gartenbild ein – als wäre der Weg schon immer da gewesen.

Im naturnahen Garten bieten sich Natursteine als stimmungsvoller Wegbelag an. Erhält man geeignete Steine aus der Region, so sind diese im Allgemeinen nicht nur aus ökologischen Gründen zu bevorzugen. Sie harmonieren auch besser mit der Umgebung.

Der Aufbau

Im Privatgarten sind Wege mit einer Breite von etwa 90 cm ausreichend. Im ersten Arbeitsschritt stellt man den Unterbau her. Dazu wird etwa 40 bis 50 cm tief ausgehoben, mit Schotter verfüllt und durch Rütteln, Stampfen oder Walzen verdichtet. Darüber kommt ein Sand- und Splittgemisch, das wieder verdichtet wird, und zuletzt können die Natursteinplatten verlegt werden. Je enger dies erfolgt, desto stabiler wird der Weg. Gegen die Seitenränder sollte außerdem ein geringes Gefälle eingehalten werden, damit das Regenwasser leicht abfließen kann. In die Fugen wird erst Kies und darüber eine Mischung aus Sand und etwas Kompost eingekehrt, um darin Gras aussäen zu können.

Das Ziel ist der Weg

Wo ein Garten ist, ist auch ein Weg. Im Idealfall fügt er sich harmonisch in das Bild ein und führt durch die verschiedenen Räume des Gartens. Verbindungswege führen ohne Umschweife ans Ziel. Dann gibt es aber noch die „Erlebniswege" – hier wird geschlendert.

Materialschlacht vermeiden

Das Angebot an Bodenbelägen ist größer denn je. Wie überall im Leben ist auch hier Maß und Ziel gefragt. Wählen Sie Bodenbeläge mit viel Bedacht aus, sie sind eine Investition nahezu für die Ewigkeit. Ein gut verlegter Belag ist dann aber auch sein Geld wert, denn er hält weit länger als ein Menschenleben.

Checkliste Gartenweg

- Viele verschiedene Materialien wirken zwar unruhig, aber zu große Flächen aus ein- und demselben Material sind für kleinere Gärten zu dominant. Oft werden zwei Belagarten verwendet: Eine ist dabei die dominierende, die zweite bildet den Rahmen oder sorgt für einen Blickfang in der Fläche.

- Achten Sie auf kompetente handwerkliche Ausführung und fachmännische Verarbeitung. Schlampig verlegte Platten und schlecht konstruierte Stufen sind eine tagtägliche Gefahrenquelle. Sie senken sich allmählich ab und werden zu Stolperfallen.
- Jeder lässt sich gerne durch den Garten lenken, wenn hinter der Wegbiegung ein schöner Ausblick in die Umgebung, ein Sitzplatz oder ein anderes Highlight die Mühe lohnt. Überraschungsmomente, neue Gartenräume die sich auftun, machen die Sache spannend.

Treppauf und treppab

Müssen Höhenunterschiede überwunden werden, kommen zusätzlich zu den Wegen auch Stufen mit ins Spiel. Bei großen Höhenunterschieden sollten unbedingt ein oder mehrere Podeste eingeplant werden. Hier findet man Platz für eine kurze Rast, um schwere Taschen abzustellen oder einfach nur die Aussicht auf den Garten zu genießen. Besonders attraktiv lassen sich Treppen mit Wasser kombinieren. Das Glucksen eines nahen Bachlaufes oder das Plätschern eines benachbarten Wasserbeckens kann man von der Treppe aus ganz nah erleben.

Ein paar wenige Stufen im Weg – und schon eröffnet sich ein neuer Gartenraum.

Gestaltungselemente des naturnahen Gartens

Naturnah gestaltete Gärten sind ein Gewinn für Mensch und Tier. Sie sind gemütliche Orte, die dazu einladen, die Freizeit im Garten zu verbringen. Sie bieten Erlebnisraum für Groß und Klein, zeigen die Vielfalt der Natur und werden zu Schonräumen für Tiere und Pflanzen.

Die Trockenmauer

Ein ideales Gestaltungselement, um etwa eine Böschung einzufassen, ist die Trockenmauer. Diese Mauer-Art wird ohne Mörtel gemauert und bietet einen wertvollen Lebensraum für Tiere. Zuerst sollte man sich die Ausrichtung der Mauer überlegen. Baut man sie halbrund und richtet sie zur Sonne hin aus, dann erwärmen sich nicht nur die Steine gut, sondern auch Aroma und Duft der Kräuter, die in die Fugen gepflanzt werden, sind intensiver.
Höher als 1,20 m bis maximal 1,50 m sollte die Mauer nicht werden. Bei größerer Höhe ist eine terrassenartige Staffelung zu überlegen. Ein Fundament für die Mauer gibt es nicht, es empfiehlt sich aber eine 20 bis 30 cm starke Dränageschicht aus gebrochenem Material (0 bis 32 mm) einzubauen und zu verdichten. Darauf wird Stein auf Stein die Mauer aufgesetzt. Unten verwendet man größere Steine, nach oben hin können sie kleiner werden. Dabei sollte man der Form und dem Aussehen der

Aufbau einer Trockenmauer

1 **Frostschicht:** mit der Rüttelplatte verdichteter Greder (z. B. Kalkbruch der Körnung 0 bis 45 mm)
2 **Fundamentsteine:** die größeren Steine; können mit der buckeligen Seite nach unten verlegt werden; etwa zwei Drittel sollten unter dem Erdniveau eingebaut werden
3 **Legesteine:** möglichst gerade Kanten an der Sichtseite und zwei möglichst parallel verlaufende Lagerflächen
4 **Durchbinder:** überlange Steine; werden so nach hinten verlegt, dass sie eine optimale Verbindung zwischen Mauerwerk und Hang herstellen
5 **Decksteine (liegend):** mittelgroße bis große, flache Steine mit einer schönen Sichtseite, die genügend Eigenstabilität mit sich bringen
6 **Vlies:** als zusätzliche Filterschicht zwischen Mauerhinterfüllung und angrenzendem Erdreich verhindert es das Verschlämmen der Hinterfüllung
7 **Substrat:** eine Mischung aus Grunderde, Sand und etwas Kompost hat sich bewährt
8 **Füllsteine:** grobes Abfallmaterial vom Mauerbau, Dränageschotter (z. B. der Körnung 16 bis 32 mm) oder Ähnliches; sollte kostengünstig und von grober, mineralischer Struktur sein
9 **Keilsteine:** werden zum „Auszwickeln" von Hohlräumen und Spalten benötigt, damit Legesteine gut sitzen; nötigenfalls aus Steinabfall mit Meißel und Hammer herausschlagen

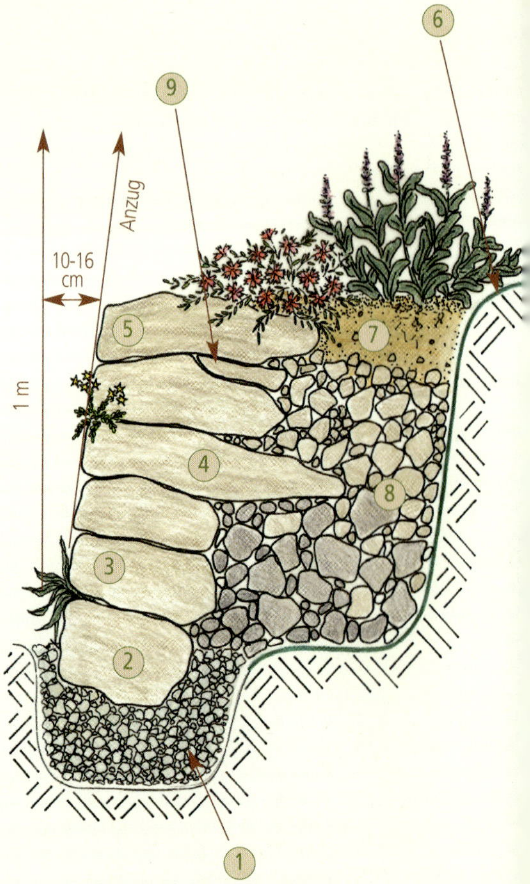

Funktionell, ästhetisch und ökologisch – die Trockenmauer hat sich seit Jahrhunderten bewährt.

Steine besondere Beachtung schenken, damit die fertige Mauer ein harmonisches Gesicht bekommt.
Wichtig ist der regelmäßige Einbau von sogenannten Bindesteinen, das sind längere Steine, die nach hinten in die Mauerfüllung ragen. Sie halten und stabilisieren das Bauwerk. Parallel zur Steinschichtung wird die Mauer mit gebrochenem Material hinterfüllt. Den oberen Abschluss bilden wieder große Bindesteine. Es wird kein Beton, Kleber oder sonstiger Bindemörtel verwendet, die Mauer hält allein durch ihr Eigengewicht. Die Ritzen können mit Trockenheit liebenden Stauden wie Dachwurz, Fetthenne, Salbei oder Thymian bepflanzt werden.

Das Hochbeet

Ob am Balkon, auf der Terrasse oder im Garten – ein Hochbeet schafft Platz für Kräuter und Gemüse und ist ein attraktiver Blickpunkt. Es ist rückenschonend zu bearbeiten, strukturiert den Garten und kann als Abgrenzung fungieren. Wie bei jedem Beet ist auch beim Hochbeet der richtige Standort das Um und Auf. Es sollte sonnig stehen und am besten nord-südseitig ausgerichtet sein, um eine optimale Belichtung zu gewährleisten. Aus welchem Material die Wände des Hochbeetes gebaut werden, bleibt dem Geschmack überlassen. Geeignet sind Holz, Beton, Ziegel oder eine schön gesetzte Natursteinmauer – der Kreativität und der Fantasie sind hier kaum Grenzen gesetzt.
Die Grundfläche des Beetes wird etwa 25 cm tief ausgehoben und der Grund mit einem Wühlmausgitter dicht verkleidet. Hat man die Wände aus Holz, speziell Rundholz, aufgebaut, wird die Innenseite mit Vlies ausgekleidet, um zu verhindern, dass Erde und Wasser durch die Spalten und Ritzen dringen. Danach beginnt das Auffüllen des Beetes. Die unterste Schicht wird aus trockenem Material, Holzhäcksel oder klein geschnittenen Ästen, hergestellt. Darüber schichtet man Rasensoden vom Aushub, Stroh und Laub. Darauf folgt grober Kompost. Den Abschluss bildet Gartenerde, vermischt mit feinem Kompost – fertig ist das Hochbeet und bereit, bepflanzt zu werden. Ein solcherart aufgebautes Beet enthält genug Kompost für zwei Jahre und braucht nicht gedüngt zu werden. Im Gegenteil, es empfiehlt sich im ersten Jahr mit dem Anbau von stark zehrendem Gemüse zu beginnen, um diese Nährstoffverhältnisse auch optimal zu nutzen.

Schön und praktisch – ein Hochbeet lässt sich bequem bearbeiten.

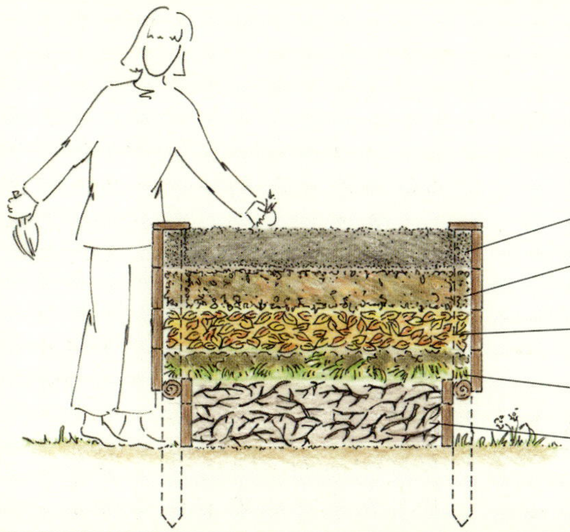

Recycling im Naturgarten

In einem richtigen Naturgarten mit seinem natürlichen Kreislauf gibt es keine Abfälle. Totholz lässt sich als Recyclingmaterial im Garten und sogar als Gestaltungselement einsetzen. Hier kann man bald beobachten, wie sich Insekten und andere Lebewesen im alten Holz tummeln.
Selbst der jährliche Baum- und Strauchschnitt findet nützliche Verwendung – er wird einfach als Sichtschutzmauer aufgeschichtet. Ein abgerissenes Fundament wird zum Steinhaufen, in dem sich Kröten verstecken können.

Ein liegen gebliebener Baumstamm wird zum neuen Lebensraum.

Nicht nur nützlich, sondern auch hübsch anzusehen, ist ein selbst gebautes Nützlingshotel.

Das Nützlingshotel

Mehr als 500 verschiedene heimische Wildbienenarten spielen im Frühjahr eine wichtige Rolle als Bestäuber. Sie bilden zwar keine so individuenstarken Völker wie die Honigbienen, fliegen aber bereits bei deutlich tieferen Temperaturen, was vor allem in kalten Frühjahren die Befruchtung sichert.
Den Winter verbringen die Tiere als Larven oder Puppen in einer Brutröhre, die je nach Bienenart in Holz, Mauerritzen, Pflanzenstängeln oder in der Erde angelegt wird. Waren früher entsprechende Nistgelegenheiten, wie alte Bäume, Holzhaufen oder dürre Stauden, in jedem Garten zu finden, so sieht dies heute in vielen „ordentlich aufgeräumten" Gärten ganz anders aus.
Der Bau eines Nützlingshotels kann eine wertvolle Hilfe sein. Dabei sollen

möglichst vielfältige Nistgelegenheiten angeboten werden, um die unterschiedlichen Bedürfnisse der einzelnen Arten zu befriedigen.

Und so wird´s gemacht:

• Als Material eignet sich Hartholz, z. B. von Buche oder Obstgehölzen wie Apfel, Birne oder Zwetschke.
• In das Holzstück werden in willkürlicher Anordnung Löcher in verschiedenen Durchmessern von 3 bis 10 mm gebohrt, der Abstand der Löcher voneinander sollte ca. 2 cm betragen.
• Dabei darf der Holzblock aber nicht ganz durchbohrt werden, vielmehr müssen die Bohrgänge „blind" enden und nach hinten leicht ansteigen, damit Kondenswasser abrinnen kann.
• Zusätzlich finden Pflanzenstängel unterschiedlicher Stärke oder lehmverstrichene Ziegelsteine Anwendung. Das Nützlingshotel wird an einem sonnigen, trockenen und windgeschützten Platz aufgestellt und bietet nicht nur Kinderstuben für Wildbienen, sondern auch einen attraktiven Blickpunkt im Garten.

Naturgartenelemente fügen sich harmonisch in das Gartenbild ein – auch in kleineren Gärten

Der Bau eines Nützlingshotels ist eine kreative Arbeit, an der sich die ganze Familie beteiligen kann.

PRAKTISCH GARTELN

Blumenwiesen

Das schönste Blumenbeet im Garten ist die Blumenwiese. Ihre Vielfalt ist nicht zu übertreffen, besteht sie doch aus durchschnittlich etwa 25 verschiedenen Pflanzenarten, während es der Zierrasen auf nur rund fünf Gräserarten bringt.
Die beste Zeit zur Anlage einer Blumenwiese ist April/Mai oder September/Oktober. Das Saatgut wird auf die geebnete und gerechte Fläche ausgebracht und leicht angedrückt. Je magerer der Boden ist, desto schöner wird die Wiese – also niemals düngen! Blumenwiesen müssen höchstens zweimal im Jahr gemäht werden – im Juli und im September. Der Rasenmäher kann also ruhen und der Mensch die freie Zeit im Garten genießen.

Die spiralförmige Blumenwiese wird hier zum Blickpunkt im Garten.

Schau! Gärten!

Mensch, Natur und Kultur – diese enge Verbindung wird selten so gut spürbar wie in einem Garten. Beim Blick über den Gartenzaun finden bestimmt auch Sie eine Lösung für so manches Ihrer Gartenprobleme.

Mittlerweile sind die Schaugärten in NÖ auf über 125 angewachsen, fast 30 sind auch auf der Tourismus-Plattform „Die Gärten Niederösterreichs" zusammengeschlossen.

All diese Gärten und der direkte Kontakt zu ihren Besitzern machen Lust auf naturnahes Gärtnern. Mit der kostenlosen Schaugartenkarte finden Sie die Wege, um das gesamte bunte und vielfältige Potpourri auch für sich zu entdecken. Aber auch die Kooperation mit Gartenreiseveranstaltern führt Sie zu engagierten Gärtnerinnen und Gärtnern in Niederösterreich, die alle Grundsätze der Aktion „Natur im Garten" unterstützen und ihre Gärten als gemeinsamen Lebensraum für Mensch, Tier und Pflanze verstehen.

Nähere Informationen:
NÖ Gartentelefon 02742/74333
www.naturimgarten.at

Ausflugsziele
Der Garten ist eine wichtige touristische Attraktion von nationaler und internationaler Dimension.

- 01 Arche Noah
- 02 Stift Altenburg
- 03 Stift Seitenstetten
- 04 Zisterzienserstift Zwettl
- 05 Renaissanceschloss Rosenburg
- 06 Stift Klosterneuburg
- 07 Amethyst Welt Maissau
- 08 Schloss Grafenegg
- 09 Marienschlössl Wiedendorf
- 10 Museumsdorf Niedersulz
- 11 Praskac, das Pflanzenland
- 12 Naturhotel Steinschalerhof
- 13 Gärtner Starkl
- 14 Hotel Molzbachhof

Reiseziele
Der Garten ist eine touristische Hauptattraktion internationaler Dimension.

- 01 DIE GARTEN TULLN
- 02 Kittenberger Erlebnisgärten
- 03 Stift Melk
- 04 Schloss Laxenburg
- 05 Kaiserliches Festschloss Hof
- 06 Schallaburg
- 07 Baden

Besuchsziele
Der Garten ist Teil eines professionellen touristischen Angebotes.

- 01 Renaissanceschloss Greillenstein
- 02 Schlossinsel Orth - schlossORTH Nationalpark-Zentrum
- 03 LOISIUM Vinothek und Kellerwelt
- 04 Gartenbauschule Langenlois
- 05 Schloss Artstetten
- 06 Archäologischer Park Carnuntum

Die GARTEN TULLN – die erste ökologische Landesgartenschau

Bereits im Eröffnungsjahr 2008 war die GARTEN TULLN als Niederösterreichs Landesgartenschau ein voller Erfolg – 350.000 Besucher begeisterten sich für die zahlreichen Attraktionen: Neben dem Baumwipfelweg mit atemberaubendem Ausblick und dem riesigen Natur- und Abenteuerspielplatz bilden die über 40 Mustergärten zum Anschauen und Nachmachen das Kernstück der Schau. Die gesamte Anlage wird ökologisch nach den Kriterien von „Natur im Garten" gepflegt, und somit bietet sich dem Besucher nicht nur eine Gartenschau für das Auge und für die Gartenpraxis, sondern auch für den kleinen Hunger zwischendurch. Denn was gibt es Schöneres, als beim Rundgang durch das Gelände einfach bedenkenlos reife Beeren und prächtiges Obst von den Gehölzen naschen zu können?

Mit ihrem einzigartigen Konzept, das auf Nachhaltigkeit basiert, kann die GARTEN TULLN auch einen häufigen Wunsch von Gartenschau-Besuchern erfüllen: Es wäre doch zu interessant, im nächsten Jahr wiederzukommen und zu erleben, wie die Gärten sich weiterentwickelt haben! In Tulln kann genau dies über Jahre beobachtet werden. Und wie jeder Gartenbegeisterte weiß, tut sich da jedes Jahr eine ganze Menge!

Zusätzlich kommen über die Jahre neue Attraktionen dazu: 2009 entstehen z. B. ein zeitgenössischer „quer gedachter" Gemüsegarten und ein imposanter Waldirrgarten aus Hecken. Die verwinkelte Fläche von 2000 m² mit einer Gesamtweglänge von über 500 Metern ist perfekt vom Baumwipfelweg aus einsehbar. Hecken als Wegbegrenzung und die hohen Bäume aus dem belassenen Auwald-Bestand schaffen als gekonnte Mischung ein ganz besonderes Gartenerlebnis. Der Mix aus Abenteuer, der Vermittlung von Gartenwissen mit gestalterischer Qualität ebenso wie der Bedeutung von Gärten für die Lebensqualität spiegelt sich in allen Gärten wider. Ein Ausflug zur GARTEN TULLN sollte daher in keiner Ausflugsplanung für das kommende Jahr fehlen!

Auf der GARTEN TULLN finden Sie das ganze Jahr blühende Staudenkombinationen.

Ein Rundweg führt die Besucher und Besucherinnen zu den 40 Mustergärten.

Register

Bildquellen

Umschlag: Natur im Garten / Alexander Haiden: großes Bild vorne und Rückseite, Franz Neumayr: Porträt des Autors
Inhalt: alle Bilder Natur im Garten / Alexander Haiden ausgenommen
Natur im Garten / Joachim Brocks (2, 6, 10, 11, 16, 19 unten, 20 beide rechts, 22, 25, 28 oben, 30 links unten, 31 rechts beide, 35 rechts oben, 36 links, 37 links unten, 38, 39 unten, 40 links unten u. rechts, 43 links unten, 46 links oben u. Mitte, 47 links unten, 48, 49 rechts unten, 54, 57, 58 links unten, 60 links unten, 62 rechts unten, 63, 71 bis 74, 75 unten, 77, 78, 79 oben, 88, 89 oben, 90 bis 94, 96, 97, 102, 104 rechts beide, 105 links unten, 106 rechts unten, 107, 108 oben, 113, 114, 123 rechts unten)
TALK TV Prod.GmbH, Standbilder für Filmstreifen aus den Sendungen (23 oben, 36 rechts, 59 rechts, 66 unten, 95, 103 links, 123 links)
Franz Neumayr (5, 24)
Rita Newman (13)
Elke Papouschek (51)
Veronika Schubert (70 unten, 121)
alle Illustrationen Monika Biermaier, ausgenommen Doris Papouschek (33, 42, 84, 85)
und Grafik (124) Natur im Garten

Impressum

Sturzgasse 1a, A-1141 Wien
buch@avbuch.at, Internet: www.avbuch.at

Die Deutsche Bibliothek – CIP-Einheitsaufnahme
Die Deutsche Bibliothek verzeichnet diese Publikationen in der Deutschen Nationalbibliografie;
detaillierte bibliografische Daten sind im Internet über http://dnb.ddb.de abrufbar.

Projektleitung: Brigitte Millan-Ruiz, avBuch
Redaktion: Veronika Schubert & Elke Papouschek, Wien, www.verlagsbuero-garten.at
Rezepte auf den Seiten 88 bis 97: Uschi Zezelitsch, Mattersburg
Layout, Satz und Bildbearbeitung: Ravenstein + Partner, Verden
Bildreproduktion: Hantsch & Jesch PrePress Services OEG, Wien

Druck und Bindung: Westermann Druck, Zwickau
Printed in Germany

ISBN: 978-3-7040-2343-8